BEI GRIN MACHT SICH
WISSEN BEZAHLT

- Wir veröffentlichen Ihre Hausarbeit, Bachelor- und Masterarbeit

- Ihr eigenes eBook und Buch - weltweit in allen wichtigen Shops

- Verdienen Sie an jedem Verkauf

Jetzt bei www.GRIN.com hochladen und kostenlos publizieren

Pädagogischer Umgang mit aggressivem Verhalten bei Jugendlichen. Umgang in der Kinder- und Jugendhilfe und Präventionsmaßnahmen

Luka Löwe-Stura

Bibliografische Information der Deutschen Nationalbibliothek:

Die Deutsche Nationalbibliothek verzeichnet diese Publikation in der Deutschen Nationalbibliografie; detaillierte bibliografische Daten sind im Internet über http://dnb.d-nb.de abrufbar.

ISBN: 9783346233325
Dieses Buch ist auch als E-Book erhältlich.

© GRIN Publishing GmbH
Nymphenburger Straße 86
80636 München

Alle Rechte vorbehalten

Druck und Bindung: Books on Demand GmbH, Norderstedt Germany
Gedruckt auf säurefreiem Papier aus verantwortungsvollen Quellen

Das vorliegende Werk wurde sorgfältig erarbeitet. Dennoch übernehmen Autoren und Verlag für die Richtigkeit von Angaben, Hinweisen, Links und Ratschlägen sowie eventuelle Druckfehler keine Haftung.

Das Buch bei GRIN: https://www.grin.com/document/918489

Aus dem Fachbereich Humanwissenschaften der Universität Kassel

Bachelorstudiengang Soziale Arbeit

Pädagogischer Umgang mit aggressivem Verhalten jugendlicher KlientInnen in der Kinder- und Jugendhilfe.

Bachelor Arbeit für die Prüfung zum Erwerb des Akademischen Grades „Bachelor of Arts (B.A.)"

Eingereicht von: Luka Löwe- Stura

Inhaltsverzeichnis

1 Einleitung 3
2 Definition und Differenzierung von Gewalt und Aggression 5
   2.1 Aggression & Aggressivität 5
   2.2 Der Gewaltbegriff in Abgrenzung zum Aggressionsbegriff 8
3 Jugendgewalt in Deutschland – Statistische Bestandsaufnahme 10
   3.1. Jugendgewalt in der Polizeilichen Kriminalstatistik 11
   3.2 Altersstruktur der Tatverdächtigen bei Gewaltdelikten 12
   3.3 Kriminalität im Altersverlauf 14
   3.4 Resümee Hellfeldanalyse 14
   3.5 Dunkelfeldanalyse 15
4 Sozial- und entwicklungspsychologische Theorien zum Thema Aggression 17
   4.1 Trieb– und Instinkttheorien der Aggression 18
   4.2 Die Frustrations- Aggressions- Hypothese nach Dollard et al 19
   4.3 Lernen am Modell nach Bandura 20
   4.4 Das bio-psycho-soziale Modell 22
5 Auslöser aggressiven Verhaltens 25
   5.1 Ärger 26
   5.2 Frustration 26
   5.3 Konflikte 27
6 Umgang mit aggressivem Verhalten in der pädagogischen Praxis 28
   6.1 Wie reagiert man in einer akuten Krisensituation? 29
   6.2 Grundkompetenzen für den Umgang mit aggressivem Verhalten 29
   6.3 Interventionsberechtigung 30
   6.4 Selbstmanagement 31
7 Präventionsmaßnahmen bei aggressivem Verhalten 31
   7.1 Prävention 31
   7.2 Soziales Kompetenztraining 33
8 Schlussbetrachtung 36
9 Literaturverzeichnis 40

1 Einleitung

Aggression und Gewalt sind als Problem allgegenwärtig. Unsere Gesellschaft scheint von Aggression und Gewalt dominiert zu sein. Terrorismus, Hass im Netz, Gewalt gegen Randgruppen, Jugendgewalt, Gewalt im Sport, häusliche Gewalt – kaum ein gesellschaftlicher Bereich, der nicht mit Gewalt oder Aggression in Verbindung gebracht wird.

Aber was ist eigentlich wissenschaftlich betrachtet genau Gewalt? Was Aggression? Und was ist der Unterschied zwischen Gewalt und Aggression? Bedingt das Eine das Andere? Möglicherweise agieren wir ja mit Begriffen, unter denen jeder etwas anderes, Eigenes, versteht.

Ich habe mir daher die Frage gestellt, was dies für die Praxis der sozialen Arbeit – und hier insbesondere der Praxis in der Kinder- und Jugendhilfearbeit, in der ich seit Jahren tätig bin – bedeutet, wenn wir hier mit unklaren Begrifflichkeiten hantieren. Wir Fachkräfte werden täglich mit Gewalt und Aggression konfrontiert. Jugendliche, die Gewalt gegen andere ausüben. Jugendliche, die Gewalt am eigenen Leib erfahren – von Mitschülern, ihren Eltern, Wildfremden. Kaum einer der von uns betreuten jungen Menschen (im Alter zwischen 12 und 20 Jahren) kann nicht von eigenen Gewalterfahrungen, ob als Täter oder Opfer, berichten.

Und damit müssen wir als Fachkräfte umgehen. Wir müssen einen Weg finden, jungen Menschen zu helfen, diese Erfahrungen einzuordnen. Wir müssen ihnen helfen zu verstehen, dass ausgeübte Gewalt und Aggression ein falscher Weg ist. Dazu müssen wir aber auch verstehen, was genau ist Gewalt. Woher kommt Aggression? Nur wenn wir das verstehen, können wir auch helfen.

Und wir dürfen auch nicht vernachlässigen, dass wir als Fachkräfte nicht selten auch selbst Opfer oder Ziel von Aggressionen ausgehend von unseren Klienten sind. Auch hier ist es in der Frage, wie wir damit umgehen und darauf reagieren von elementarer Bedeutung, dass wir verstehen, warum junge Menschen so handeln wie sie es tun.

Zwei Beispiele hierzu aus meiner beruflichen Praxis.

Fall 1. Der 17-jährige Dirk (Name geändert) lebt bei seinen Eltern. Dirk hat, als wir begannen mit ihm zu arbeiten, keinerlei soziale Kontakte, verließ kaum das Haus und wenn dann nur, um zur Schule zu gehen. Das musste er aber immer weniger, weil er nahezu wöchentlich immer wieder vom Unterricht suspendiert wurde aufgrund massiver Gewalteruptionen gegenüber Mitschülern und Lehrpersonal. Diese waren so massiv, dass deswegen zeitweise ganze Etagen auf seiner Schule evakuiert werden mussten, um andere Mitschüler nicht zu gefährden. Am Ende der Betreuung hatte Dirk einen festen Job mit eigenem Einkommen, einen kleinen Freundeskreis und plante seinen Auszug zuhause.

Fall 2. Der 14-jährige Ole (Name geändert) hat eine diffuse Diagnose, die auf eine autistische Störung hinweist. Die Eltern waren bei unzähligen Ärzten und Kliniken, um Klarheit über die Situation ihres Sohnes zu bekommen. Ole lebt bei seinen Eltern, die sich sehr liebevoll und geduldig um ihn kümmern. Als wir begannen mit ihm zu arbeiten, war Ole nahezu 24 Stunden pro Tag in der Obhut seiner Eltern, die keinerlei eigenes soziales Leben mehr hatten, da sie sich rund um die Uhr um ihren Sohn kümmern und ihn beaufsichtigen mussten. Ole war ebenfalls nahezu durchgehend vom Schulbesuch suspendiert, da er immer wieder völlig unvermittelt und extrem massiv körperlich und verbal gegen Mitschüler und Lehrpersonal vorging. Ole hatte zu diesem Zeitpunkt bereits etliche Schulassistenten „verbraucht". Auch in der Familie kam es immer wieder zu massiven, unvermittelten Gewalteruptionen seitens Ole gegenüber seinen Eltern. Die Familie stand kurz davor auseinanderzubrechen. Die Empfehlung war eine geschlossene Unterbringung des Jungen. Heute verlässt Ole täglich am Morgen das Haus, um beschult zu werden, hat an Freizeiten mit anderen Kindern teilgenommen, ist kaum noch körperlich übergriffig. Die Familie ist durch die massive Entlastung wieder zusammengerückt und blickt in eine positive Zukunft.

Der Grad an Aggression und Gewalt war in beiden Fällen auf einem ähnlichen Niveau. Und in beiden Fällen richtete sich diese Aggression auch in erheblichem Maße gegen uns als Betreuer. Und trotzdem liegen beide Fälle in der Erklärung für die Gewaltausbrüche sehr weit auseinander.

War es in einem Fall eine krankheitsbedingte psychisch-körperliche Fehlentwicklung, gegen die der Junge (Ole) nur wenig tun kann, musste im Fall von Dirk davon ausgegangen werden, dass aufgrund ständig erfahrener Ausgrenzung und sozialem Scheitern und daraus resultierend völlig fehlendem Selbstwertgefühl sich ein solches Maß an Frustration und Wut in ihm aufgestaut hatte, dass die Aggressionsausbrüche zwangsläufig und selbstreinigend geschehen mussten. In Momenten der ausgeübten Gewalt fühlte er sich stark und beachtet, aber emotional leer und einsam.

Nur weil es uns als betreuendem Fachkräfte-Team möglich war zu verstehen, welcher Form von Gewalt und Aggression wir hier begegnet sind und was die Gründe und Auslöser dieser Gewalt waren, konnten wir beiden jungen Menschen auf eine individuelle und sinnvolle Weise helfen.

Mein Versuch wird daher sein, mich mit der vorliegenden Bachelor-Arbeit zunächst einmal dem Thema Aggression/Gewalt in der jugendlichen Lebenswelt von der theoretischen Seite zu nähern. Junge Menschen zwischen 6 und 21 Jahren stellen über 30% der Tatverdächtigen bei Gewaltdelikten, während ihr Anteil an der Gesamtbevölkerung nur rund 18% beträgt (siehe Kapitel 3). Gewalt im Jugendalter ist also ein wichtiges und relevantes

Thema, mit dem wir als Gesellschaft, insbesondere aber die Soziale Arbeit sich auseinandersetzen muss.

Ich werde daher zunächst in Kapitel 2 versuchen, die zugrundeliegenden Begrifflichkeiten genauer und klarer zu definieren und voneinander abzugrenzen.

In Kapitel 3 beschäftige ich mich mit der statistischen Betrachtung des Thema Jugendkriminalität und -gewalt. Es wird deutlich werden, wie schwer es ist, aus den vorliegenden Zahlen wirklich belastbare und eindeutige Erkenntnisse zu ziehen. Wie schwer hier eine klare Analyse ist, belegt die Tatsache, dass jedes Jahr, wenn wieder neue Zahlen aus dem genannten Bereich vorgelegt werden, je nach Medium, politischer Ausrichtung und Intension die Bewertung ein und derselben Zahlen völlig diametral ausfällt.

Kapitel 4 macht den Versuch eine Übersicht zu geben über die unzähligen Theorien aus Psychoanalyse, Psychologie, Sozial- und Gesellschaftswissenschaft über Auslöser und Ursprünge von Gewalt und Aggression.

Die Kapitel 5 und 6 dann knüpfen die Verbindung von Theorie und Praxis. Hier werde ich beispielhaft an ausgewählten Praxisfeldern verdeutlichen, wie wichtig die zuvor gewonnenen theoretischen Erkenntnisse bei der Suche und Umsetzung sinnvoller und effektiver Strategien in der Praxis der Sozialen Arbeit im Umgang mit Jugendgewalt sind.

Meine Forschungsfrage, die ich in den vorgenannten Kapiteln versuchen werde zu beantworten, ist daher: Wie kann es am Beispiel des Themas jugendliche Gewalt und Aggression gelingen, theoretische Erkenntnisse und Definitionen in praktisches Handeln zu implementieren?

2 Definition und Differenzierung von Gewalt und Aggression

Zur Einführung in das Thema und zur Abgrenzung des Themenbereichs wird, wie bereits erwähnt, zunächst eine Begriffsdefinition vorgenommen und verschiedene Arten und Ausdrucksformen aggressiven Verhaltens skizziert. So kann herausgearbeitet werden, was im Folgenden unter „Aggression", „Gewalt" und „Jugendgewalt" zu verstehen ist.

Eine einheitliche Definition der vorgenannten Begriffe ist vor dem Hintergrund meiner Forschungsfrage notwendig, da unterschiedliche Definitionsansätze auch unterschiedliche Ansätze in Bezug auf den konkreten Umgang mit Gewalt ermöglichen.

2.1 Aggression & Aggressivität

Der Begriff der Aggression wird sowohl im Alltagswortschatz wie auch im wissenschaftlichen Sprachgebrauch auf vielfältige und zumeist unterschiedliche Weise verwendet. Die Unterschiede im Begriffsverständnis sind zahlreich. Auch wenn im Alltagssprachgebrauch eine weitgehende Übereinstimmung darüber zu bestehen scheint, was wir als aggressiv bezeichnen, gibt es in der Wissenschaft keine eindeutige und allumfassende Definition des Begriffs.

Eine erste Annäherung an den Begriff liefert uns Schottmayer, der Aggressionen als „vielerlei destruktive Verhaltensweisen" zusammenfasst (Schottmayer, 2011, S. 51). Bereits Erich Fromm verwendete, analog zu Schottmayer, den Begriff der „menschlichen Destruktivität", um Aggression zu beschreiben (Fromm, 1973, S. 254ff.). Aggressivität und Aggression sind ubiquitäre Phänomene (Weidner, 1993, S. 4; Remschmidt, 1992, S.73). Aggression ist eine in jedem Menschen innewohnende, angeboren und genetisch verankerte Fähigkeit, wenn nötig gewalttätig gegen einen Artgenossen vorzugehen und dadurch das eigene Überleben zu sichern (vgl. Struck, 2007, S.24-27). Der Psychoanalytiker Erich Fromm sieht dies ähnlich. Er betont dagegen, im Vergleich zu den bereits oben genannten, vor allem dessen Defensivfunktion (vgl. Fromm, 1973, S. 87).

Der Begriff der Aggression leitet sich von dem lateinischen Verb „ad-gredi" ab, welches so viel wie „sich nähern", „mutiges Draufzugehen" bedeutet. Ursprünglich beschreibt der Begriff somit ein eher prosoziales Verhalten, während der Begriff heute tendenziell negativ notiert ist (vgl. Schottmayer, 2011, S 43).

Zimbardo und Gerrig definieren ähnlich wie Hurrelmann & Bründel (Hurrelmann & Bründel, 2007, S.11; S.16) Aggression „als körperliches oder verbales Handeln, das mit der Absicht ausgeführt wird, zu verletzen oder zu zerstören. [...] Während der Begriff der Aggression direkt auf ein Verhalten abzielt, bezieht sich Aggressivität auf eine Disposition oder Persönlichkeitseigenschaft" (Zimbardo & Gerrig, 2003, S.334).

Nolting fasst die verschiedenen Aspekte des Begriffs unter folgender Definition zusammen.

> „Aggression ist ein Verhalten, das darauf gerichtet ist, andere Individuen zu schädigen oder ihnen wehzutun" (Nolting, 2005, S.15)

Beim Betrachten der soeben dargestellten engeren Definitionsansätze, fällt auf, dass insbesondere drei Charakteristika von aggressivem Verhalten herausstechen:

- Schädigung
- Intention
- Normabweichung (vgl. ebd., S.14)

Die Bandbreite aggressiver Handlungen, im Sinne der dargestellten Definition von Aggression, ist außerordentlich groß. Es lassen sich verschiede Arten von Aggressionen kategorisieren:

- Physische Aggression, wie z.B. kratzen, würgen, schlagen, schubsen, stoßen
- Verbale Aggression mit angreifenden Ton, wie z.b. Beschimpfen oder anschreien
- Verbale Aggression, welche primär durch das Gesagte angreifen, wie z.b. Verspottung, Drohungen oder Kränkungen
- Nonverbale Aggression, wie böse Blicke oder eine gehobene Faust
- Relationale Aggression, die die Beziehung und/oder Stellung der angegriffenen Person untergraben oder diffamieren soll.

Eine weitere Unterscheidung des Aggressionsbegriffs erfolgt zwischen *affektiver* und *instrumenteller* Aggression. Affektive Aggression ist durch eine emotionale Reaktion hervorgerufen und wird von starken Emotionen und Erregungen begleitet. Sie dient der Reduktion von Spannung und Angst und hat eine klare Zielabsicht: Schädigung (vgl. Nolting, 1998, S.148ff).

Demgegenüber steht die instrumentelle Aggression, die sich über dessen Zweckorientierung definiert. Ihr liegt kein aggressives Bedürfnis zugrunde, sondern wird ausschließlich aufgrund eines bestimmten Nutzens ausgeführt (vgl. ebd., 1998, S.148ff).

Andreas Dutschmann und Justina Lukat kritisieren unter anderem die Eindimensionalität der meisten wissenschaftlichen Definitionsansätze. Da sie zumeist nur aus einer wissenschaftlichen Perspektive formuliert wurden, besitzen sie für Dutschann & Lukat nur eingeschränkten heuristischen sowie pragmatischen Wert.

Sie werden der Komplexität der Realität nicht gerecht (vgl. Dutschmann und Lukat, 2011, S.128ff.).

Die Definition von Dutschmann unterscheidet 3 verschiedene Formen von Aggression (Dutschmann & Lukat 2011, S.128):

Aggression vom Typ A (instrumenteller Typ). Instrumentelle Aggression, ist wie bereits oben beschrieben, der Versuch, gezielt oder geplant, mit Aggression zu einem bestimmten Ziel zu gelangen. Anderen Menschen Schaden zuzufügen, wird dabei meist in Kauf genommen. Verhaltensweisen dieses Typs werden mehr oder weniger absichtlich als Instrument zur Zielerreichung eingesetzt. Emotionen bzw. Erregung steht hier im Hintergrund

Aggression vom Typ B (Erregungstyp). Aggression vom Typ B sind gekennzeichnet durch erhöhte emotionale Erregung. Das Verhalten dient hauptsächlich zum Abbau von Spannungszuständen und zur Abwehr bedrohlicher Reize, wobei die Schädigung anderer in Kauf genommen wird.

Aggression vom Typ C (Erregungstyp). Eine Aggression vom Typ C ist durch hohe Erregung hervorgerufenes, weitgehend ungesteuertes Verhalten mit schwerer Gefährdung von Menschen sowie Gegenständen. Es handelt sich hierbei um eine extremere Form des Typs B. Typ C ist durch seine besondere Heftigkeit und Unbesonnenheit charakterisiert. Auf kognitiver Ebene können Kinder und Jugendliche nicht ansatzweise die Folgen ihrer Handlung vorwegnehmen und können sich oder andere schwer gefährden.

Auch wenn Dutschmann und Lukat an dieser Stelle auf die Gesamtheit der Definitionsfrage von Aggression keine umwälzend neuen Erkenntnisse geliefert haben, haben sie doch für die Praxis durch die Ergänzung des Typs C einen durchaus pragmatischen Ansatz hinzugefügt.

Abschließend lässt sich zusammenfassen, dass es **die** allgemeingültige Definition von Aggression nicht gibt. Ob wir uns nun dem Begriff auf verhaltenstypischer, emotionaler oder affektiver Ebene nähern oder ob man sich dem Begriff über topografische oder antezedente Ansätze nähert, eine allumfassende Definition kann nicht proklamiert werden. Ähnlich sehen dies Dutschmann & Lukat (2011, S.128) sowie Nolting, (2015, S.23f.), der der Meinung ist, dass keine Aggressionsdefinition eine scharfe Grenze zwischen aggressivem und nicht aggressivem Verhalten ziehen kann. Es bleibt immer eine Grauzone.

2.2 Der Gewaltbegriff in Abgrenzung zum Aggressionsbegriff

Die Begriffe „Gewalt" und „Aggression" werden in der wissenschaftlichen Diskussion weiterhin stark diskutiert und sowohl in der Diskussion wie auch in der pädagogischen Praxis oft unterschiedlich definiert (vgl. Mücke & Korn, 2000, S. 12). Es scheint schwierig, genaue Unterscheidungskriterien anzuführen, da die Übergänge zwischen den beiden Begriffen fließend sind (vgl. Nolting, 1997, S.25; Hurrelmann & Bründel, 2007, S.17). Formen von Gewalt sind ebenso vielfältig wie die der Aggression, was eine Eingrenzung erschwert. Im wissenschaftlichen Sprachgebrauch hat es sich weitgehend durchgesetzt mit den beiden Begriffen unterschiedlichste Arten von Destruktivität zu kennzeichnen (vgl. Schottmayer, 2011, S.54).

Das Wort Aggression gilt im alltäglichen Sprachgebrauch weniger gängig als der Begriff Gewalt. Für Schottmayer werden mit Aggression subtilere Formen, Gefühlsäußerungen und Motive asozialen und destruktiven Verhaltens bezeichnet. Vorrangig unter dem Einfluss von Massenmedien wird Gewalt als besonders brutale, grausame oder abstoßende Verhaltensweise definiert (vgl. Schottmayer, 2011, S. 43).

Doch auch der Gewaltbegriff hat, wie der Aggressionsbegriff, eine ursprünglich positive Wortbedeutung. Gewalt ist einerseits ein Kompetenzbegriff in der Bedeutung, die Kraft zu haben, über etwas verfügen oder etwas bewirken zu können. Andererseits finden wir den

Begriff auch im Zusammenhang mit Sprachgewalt (Fähigkeit, andere durch seine Ausdrucks-/Redeweise nachhaltig zu beeindrucken) oder auch die staatlich legitimierte Gewalt (Staatliches Gewaltmonopol, Amtsgewalt, Gewaltenteilung, alle Gewalt geht vom Volke aus Art 20 GG.) (vgl. Schottmayer, 2011, S. 42f.).

Eine deutende Definition kann immer nur ein Versuch sein, bestimmte Verhaltensweisen und Handlungen unter einen Begriff zu subsumieren. Dabei ist die Verwendung des Gewaltbegriffs immer Teil einer „sozialen Wirklichkeitskonstruktion" und eine Frage „sozialer Interpretationen" (Neidhardt, 1986, S.115) von gewissen Handlungen als Gewalthandlungen. Eine allgemeingültige Zuordnung ist vor diesem Hintergrund kaum möglich, da eine Beurteilung, von akzeptablen und nicht akzeptablen Verhaltensweisen kulturellen Einflüssen, Wertvorstellungen und gesellschaftlichen Normen unterliegt, die sich ständig wandeln (vgl. WHO, 2002, S. 5). Liell fasst diesen Umstand zusammen, indem er die Wahrnehmung und Interpretation von Gewalt an den jeweiligen sozialen, kulturellen sowie historischen Kontext anknüpft (vgl. Liell, 2002, S.7). Ebenso variieren Definitionen von Gewalt interdisziplinär, was eine einheitliche Definition darüber hinaus erschwert. Auch die Weltgesundheitsorganisation (WHO) beschreibt Gewalt als ein äußerst diffuses und komplexes Phänomen, das sich einer exakten wissenschaftlichen Definition entzieht und eher der Interpretation des Einzelnen überlassen bleibt.

Die Weltgesundheitsorganisation definiert Gewalt folgendermaßen:

„Der absichtliche Gebrauch von angedrohtem oder tatsächlichem körperlichem Zwang oder physischer Macht gegen die eigene oder eine andere Person, gegen eine Gruppe oder Gemeinschaft, der entweder konkret oder mit hoher Wahrscheinlichkeit zu Verletzungen, Tod, psychischen Schäden, Fehlentwicklung oder Deprivation führt."

Nicht nur konkrete physische Gewalt findet sich in dieser Definition wieder, sondern sie bezieht auch Drohungen und Einschüchterungen in die inhaltliche Reichweite des Begriffs mit ein. Wolter abstrahiert daraus folgende Maxime/Definition:

Gewalt umfasst Verhaltensweisen, die die Intention in sich trägt, eine andere Person direkt oder indirekt zu schädigen (vgl. Wolter, 2014, S.8).

Analog dazu wird in der Verhaltenswissenschaft der Gewaltbegriff in Anlehnung an den Aggressionsbegriff folgendermaßen definiert: „Gewalt ist Aggression in ihrer extremen und sozial nicht akzeptablen Form" (Zimbardo & Gerrig, 2003, S.334).

Weiterhin kann man Gewalt auch in direkte und indirekte Gewalt differenzieren. Unter indirekter oder auch struktureller Gewalt versteht man ungerechte gesellschaftliche

Verhältnisse, wie beispielsweise Mangel an Nahrungsmitteln oder medizinischer Versorgung für einen Teil der Bevölkerung (vgl. Nolting, 2015, S. 26). Indirekte Gewalt ist demnach Ergebnis unzureichender gesellschaftlicher Strukturen und Bedingungen. Direkte Gewalt hingegen wird direkt von Menschen ausgeübt. Im Gegensatz zur strukturellen Gewalt, lassen sich in diesem Fall die Konsequenzen ganz klar einzelnen Akteuren zuschreiben. Entsprechend dem vorherrschenden Sprachgebrauchs versteht man unter direkter Gewalt u.a. schwerwiegende Formen ausgelebten Aggressionsverhaltens. Darunter fallen nach Nolting insbesondere körperliche Angriffe und Übergriffe, Waffengebrauch oder auch psychische Misshandlungen und Folter (vgl. ebd.)

Neben der direkten physischen Gewalt, die hier mehrfach bereits als Gewaltform beschrieben wurde, muss aber auch bewusst gemacht werden, dass auch psychische Übergriffe als Gewalt definiert werden müssen. Schwind et al. fassen psychische Gewalt in einer nicht abschließenden Aufzählung wie folgt zusammen:

- Verbale Aggressionen, wie beispielsweise Rufmord, Diskreditierung oder Entwertung
- Drohung mit physischer Gewalt (insb. Zur Nötigung und/oder Erpressung)
- Diskriminierung (Schwind, 1997, S.5)

Eine sinnvolle abschließende Formulierung des Gewaltbegriffs liefert Galtung, der in seiner Definition sowohl die direkte als auch die indirekte Gewalt berücksichtigt und somit den Kreis zur anfangs formulierten WHO- Definition schließt.

> „Gewalt liegt dann vor, wenn Menschen so beeinflusst werden, dass ihre aktuelle somatische und geistige Verwirklichung geringer ist als ihr potentielle Verwirklichung" (Galtung, 1975, S.9).

3 Jugendgewalt in Deutschland – Statistische Bestandsaufnahme

Um deutlich zu machen, warum die Auseinandersetzung mit den Themen Gewalt und Aggression insbesondere im Kontext der Arbeit mit Kindern und Jugendlichen von geradezu existentieller Bedeutung ist, möchte ich in diesem Kapitel den Zusammenhang und die Bedeutung der Begriffe gerade im Kontext mit dieser Lebensphase anhand einiger wichtiger statistischer Zahlen beleuchten. Wie sieht die Jugendkriminalitätswahrheit in Deutschland aus fernab medial aufbereiteter Meinungsmache? Das folgende Kapitel bedient sich zweier statistischer Quellen. Zum einen der polizeilichen Kriminalstatistik (im folgenden PKS) und zum anderen Dunkelfeldstudien. Zuerst werden Erkenntnisse der Auswertungen der PKS, welches das sogenannte kriminologische Hellfeld darstellt, vorgestellt.

Das Hellfeld beschreibt einen Ausschnitt des gesamten Kriminalitätsgeschehens, welches offiziell bekannt und durch die Polizei registriert wurde. Zusammengefasst werden diese Zahlen in der jährlich erscheinenden polizeilichen Kriminalstatistik belegt. So lassen sich zwar auf Basis der kriminalistischen Statistik Aussagen über Jugendkriminalität treffen, die Aussagekraft ist aber nur beschränkt, sofern man das kriminologische Dunkelfeld nicht miteinbezieht. Baier betont deshalb auch die Wichtigkeit der Dunkelfeldstudien als Ergänzung zur Kriminalstatistik. Weiterhin kritisiert er, dass es in Deutschland keine kontinuierlich durchgeführten Dunkelfeldbefragung gegeben hat und somit die Entwicklung von Jugendgewalt im Dunkelfeld nicht über viele Jahre hinweg aufgezeichnet wurde (vgl. Baier, 2011, S.36)

3.1. Jugendgewalt in der Polizeilichen Kriminalstatistik

Altersgruppe	Tatverdächtige						
	insgesamt	SR	Anteil an insgesamt in %	männlich		weiblich	
				Anzahl	in %	Anzahl	in %
Tatverdächtige insges.	2.112.715	-10,5	100,0	1.586.137	75,1	526.578	24,9
Tatverdächtige ohne strafunmündige Kinder	2.037.818	-10,2	96,5	1.533.480	75,3	504.338	24,7
Kinder	74.897	-17,3	3,5	52.657	70,3	22.240	29,7
bis unter 6	5.874	-65,1	0,3	3.176	54,1	2.698	45,9
6 bis unter 8	3.986	-48,3	0,2	2.724	68,3	1.262	31,7
8 bis unter 10	8.572	-21,6	0,4	6.480	75,6	2.092	24,4
10 bis unter 12	17.058	-6,4	0,8	12.804	75,1	4.254	24,9
12 bis unter 14	39.407	6,8	1,9	27.473	69,7	11.934	30,3
Jugendliche	190.294	-9,3	9,0	139.539	73,3	50.755	26,7
14 bis unter 16	79.134	-5,3	3,7	54.618	69,0	24.516	31,0
16 bis unter 18	111.160	-11,9	5,3	84.921	76,4	26.239	23,6
Heranwachsende (18 bis unter 21)	195.448	-15,8	9,3	154.482	79,0	40.966	21,0

Abbildung 1: Anzahl der Tatverdächtigen in der Gesamtbevölkerung im Jahr 2017. SR: Steigungsrate in % im Vergleich zum Vorjahr; Quelle: PKS 2017, S. 57)

Abgebildet ist hier die absolute Anzahl an Personen, die im Jahr 2017 als Tatverdächtige (im folgenden TV) bestimmter Delikte polizeilich registriert wurden. Die Tabelle differenziert nach Alter und Geschlecht.

> (1.) Der Anteil der TV unter 14 Jahren liegt hiernach bei 3,5% der insgesamt registrierten Straftaten.
> Tatverdächtige zwischen 14 und 18 repräsentieren 9%
> Heranwachsende zwischen 18 und 21 Jahren 9,3%.
> Zusammengefasst bedeutet dies, dass rund 22% aller Straftaten in Deutschland von Kindern, Jugendlichen und Heranwachsenden begangen werden.

(2.) Der Anteil weiblicher TV liegt im Bereich Heranwachsende bei 21%, im Bereich Jugendliche bei 26,7% und Kindern bei 29,7%. Betrachtet man die Tatverdächtigen im Alter zwischen 14 bis 16 Jahren, sind weibliche TV mit 31% vertreten. Was im Umkehrschluss bedeutet, dass der Anteil männlicher TV in den vorgenannten Bereichen zwischen rund 70 und 80% differiert.

3.2 Altersstruktur der Tatverdächtigen bei Gewaltdelikten

Nachdem in Kapitel 3.1 der Anteil Jugendlicher am gesamten Kriminalitätsspektrum angesehen wurde, wird sich der folgende Abschnitt, dem für diese Arbeit wichtigeren Feld der Gewaltkriminalität widmen. Unter Gewaltkriminalität werden in Deutschland eine Reihe von Delikten zusammengefasst, die in direktem Zusammenhang mit Gewalt und Aggression stehen. Laut PKS werden unter den Begriff der Gewaltkriminalität folgende Delikte zusammengefasst: Mord, Totschlag und Tötung auf Verlangen, Vergewaltigung und sexuelle Nötigung, Raub, Körperverletzung mit Todesfolge, gefährliche und schwere Körperverletzung, erpresserischer Menschenraub, Geiselnahme sowie Angriff auf den Luft- und Seeverkehr (PKS 2006, S.16).

Altersgruppe	TV insgesamt
Tatverdächtige insgesamt	178.363
Kinder (bis unter 14)	7.099
Jugendliche (14 bis unter 18)	23.135
Heranwachsende (18 bis unter 21)	23.579
Erwachsene (21 und älter)	124.550
darunter:	
21 bis unter 25	25.021
25 bis unter 30	26.159
30 bis unter 40	35.280
40 bis unter 50	20.050
50 bis unter 60	11.403
60 bis unter 70	4.071
70 bis unter 80	1.858
80 und älter	708

Abbildung 2: Altersstruktur der TV bei Gewaltkriminalität 2017 (Quelle: PKS 2017, S. 33)

Die vorstehende Grafik sagt dementsprechend in Prozenten aus, dass 30% der Tatverdächtigen unter 21 Jahren war. Kinder nehmen in der Statistik eine eher untergeordnete Rolle ein (3,98%). Die Anzahl jugendlicher (12,97%) sowie heranwachsender (13,22%) Tatverdächtiger ist beinahe identisch.

Zur besseren Einordnung dieser Zahlen muss das Verhältnis der o.g. Altersgruppen prozentual an der Gesamtbevölkerung gesehen werden. Hier liegt der Anteil der 6 bis unter 25-Jährigen bei 18%.

Altersgruppen/ Familienstand/ Religion	2011	2012	2013	2014	2015	2016[1]	2017[1]
	1 000						
	nach Altersgruppen von ... bis unter ... Jahren						
Insgesamt	80 327,9	80 523,7	80 767,5	81 197,5	82 175,7	82 521,7	82 792,4
unter 6	4 063,9	4 085,6	4 108,5	4 174,3	4 330,4	4 466,1	4 578,9
6 bis 15	6 709,1	6 597,3	6 533,9	6 512,5	6 550,7	6 582,5	6 592,9
15 bis 25	8 850,0	8 792,8	8 702,5	8 653,1	8 777,8	8 746,9	8 683,1
25 bis 45	20 481,4	20 295,5	20 195,4	20 183,8	20 497,3	20 467,9	20 539,9
45 bis 65	23 620,0	24 037,4	24 374,3	24 585,2	24 719,2	24 748,6	24 687,9
65 und mehr	16 603,4	16 715,2	16 852,8	17 088,7	17 300,2	17 509,7	17 709,7

Abbildung 3: Bevölkerungsstand (Quelle: Destatis, Statistisches Bundesamt. URL: https://www.destatis.de/DE/ZahlenFakten/GesellschaftStaat/Bevoelkerung/Bevoelkerungsstand/Tabellen/AltersgruppenFamilienstandZensus.html, Zugriff am 02.02.19)

#Kriminalität im Altersverlauf

Deutsche Tatverdächtige nach Altersgruppen, Geschlecht und nach ausgewählten Jahren

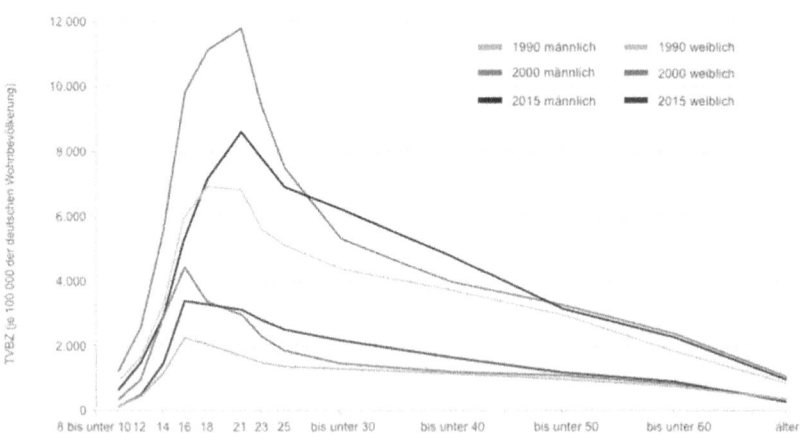

Straftaten insgesamt (ohne Staatsschutz- und Straßenverkehrsdelikte): Tatverdächtigenbelastungszahlen (TVBZ). 1990 früheres Bundesgebiet mit Westberlin, 2000 und 2015 Deutschland

Abbildung 4: Kriminalität im Altersverlauf (Quelle: Polizeiliche Kriminalstatistik, zit. n. Heinz 2016).

3.3 Kriminalität im Altersverlauf
Die Abbildung zeigt, dass junge Menschen (unter 21 Jahren) sehr viel häufiger polizeilich erfasst werden, als Erwachsene. Weiterhin ist erkenntlich, dass ähnlich wie in Abbildung 1, der Anteil männlicher Tatverdächtiger deutlich überwiegt.

3.4 Resümee Hellfeldanalyse
Aus den in Kapitel 3 dargestellten statistischen Auswertungen lassen sich folgende Erkenntnisse zur Jugendkriminalität zusammenfassen:

(1.) In der aktuellsten Kriminalstatistik sind unter 21-jährige insgesamt mit 21,80% vertreten. Bezogen auf Gewaltkriminalitätsdelikte beläuft sich der Anteil der TV auf 30%. Diese Überrepräsentation einer relativ kleinen Bevölkerungsgruppe erklärt Wolter dadurch, dass jugendtypische Delikte einer größeren Entdeckungswahrscheinlichkeit unterliegen und folglich die Täter häufiger polizeilich erfasst werden. Jugendlichendelinquenz geschieht häufig spontan und aus dem Affekt heraus und findet oft im öffentlichen Raum statt und umfasst in größerem Umfang Bagatelldelikte, wie Diebstahl, Schwarzfahren, Sachbeschädigung oder einfache Körperverletzung, so dass das Risiko einer Anzeige in diesen Deliktbereichen erheblich höher ausfällt (vgl. Wolter, 2014, S.18f)

(2.) Die Entwicklung der TVBZ lässt sich folgendermaßen zusammenfassen: Von 1998 bis 2007 gab es einen Anstieg sowohl im Bereich der Jugendlichen als auch im Bereich der Heranwachsenden. Ab 2017 ist die Entwicklung jedoch wieder rückläufig. Bei Kindern sowie bei Erwachsenen befindet sich die TVBZ seit 1998 auf einem konstant niedrigen Niveau. Die Entwicklung der einzelnen Altersspannen folgen damit dem Gesamttrend. Die Rückläufigkeit spricht an dieser Stelle bereits dafür, dass die gesellschaftliche Annahme, Jugendgewalt würde mit immer mehr Brutalität ausgeführt, durch die Daten nicht gestützt werden kann.

(3.) Jugendliche Tatverdächtige sind am stärksten bei den Delikten der gefährlichen und schweren Körperverletzung sowie der vorsätzlich leichten vertreten.

(4.) Empirisch gesichert zeigt sich die Annahme, dass, unter Berücksichtigung der Relation an die Gesamtbevölkerung, die meisten Gewaltdelikte von männlichen Jugendlichen ausgeübt werden.

(4.) Weiterhin zeigt sich, dass sich delinquentes Verhalten größtenteils auf die Altersgruppen der 14 bis 21-Jährigen beschränkt. Die Höherbelastung junger Menschen setzt sich, wie Abbildung 5 zeigt, nicht weiter in das Erwachsenenalter fort. Heinz weist darauf hin, dass sich dieses Neigung auch in anderen nationalen wie auch internationalen Statistiken zeigt (vgl. Heinz, 2016).

3.5 Dunkelfeldanalyse

Eine zeitlich kontinuierlich durchgeführte Dunkelfelduntersuchung, so wie aus dem polizeilichen Hellfeld, existiert bislang noch nicht. Die meisten durchgeführten Dunkelfeldstudien beschränken sich entweder auf einzelne Städte oder untersuchen nur spezielle Gebiete, wie bspw. Schulgewalt. Die dieser Arbeit zugrundeliegende Dunkelfeldanalyse wurde 2007/2008 vom Kriminologischen Forschungsinstitut Niedersachsen durchgeführt. Befragt wurden 44.610 Schüler und Schülerinnen der neunten Jahrgangsstufe. Das durchschnittliche Alter der Befragten belief sich auf 15,3 Jahre und zur Hälfte waren die Befragten männlich bzw. weiblich. Eine der zentralen Fragen der Befragung war, wie häufig die SchülerInnen verschiedene Delikte in den zurückliegenden zwölf Monaten begangen haben. Baier fasst die Ergebnisse in folgender Tabelle zusammen.

	Prävalenz Schülerbefragung 2007/2008 in %	Prävalenz PKS 2006/2007 in %	Prävalenzverhältnis
Sachbeschädigung	14,6	1,3	11,2
Ladendiebstahl	13,3	1,7	7,8
Leichte Körperverletzung	11,7	1,0	11,7
Schwere Körperverletzung	2,9	1,0	2,9
Raub/räuberische Erpressung	2,9	0,3	9,7
Sexuelle Gewalt	1,5	-	-

Abbildung 5: Verbreitung von Jugendgewalt – Kriminalstatistik und Schülerbefragung im Vergleich (Quelle: Baier, 2011, S.42)

Neben den Prävalenzraten der Schülerbefragung sind in Abbildung 6 auch noch einmal die entsprechende Prävalenzrate der PKS abgebildet. Es handelt sich hierbei um einen Durchschnitt der Jahre 2006 und 2007, um die Vergleichspräzision zu den Befragungsergebnissen, welche sich ja auf einen Zeitraum von 12 Monaten beziehen, zu garantieren.

Auf den ersten Blick fällt auf, dass die Raten der Schülerbefragung um ein Vielfaches höher liegen als die der Kriminalitätsstatistik. Daraus lässt sich, je nach Delikt, auf ein mehr oder minder großes Dunkelfeld schließen. Sieht man sich den Tatbestand der schweren

Körperverletzung an, ist das Dunkelfeld eher kleiner. Jeder dritte Täter wird polizeilich registriert. Bei leichter Körperverletzung hingegen lässt sich ein eher großes Dunkelfeld interpretieren, da hier nur jeder elfte Täter auch tatsächlich erfasst wird. Dies ist unter anderem darauf zurückzuführen, dass Jugendgewalt, in dem Ausmaß, wie in den vorangegangenen Kapiteln beschrieben, meist auf informellen Weg aufgeklärt und sanktioniert wird (vgl. Wolters, 2014, S.19). Anhand dieser ersten Einschätzung lässt sich die These aufstellen, dass die Aussagekraft der PKS, vor allem bei minder schweren Delikten begrenzt ist.

Aus den Ergebnissen der verschiedenen Gewaltdelikte wurde ein Index gebildet, der angibt, wie viele Jugendliche in den letzten zwölf Monaten mindestens eine Gewalttat begangen haben. Etwa 13,5% der Befragten Schüler und Schülerinnen gab demnach an, in den letzten zwölf Monaten ein oder mehrere Gewaltdelikte vollzogen zu haben. Das heißt, dass etwa jeder siebte Jugendliche jährlich einen Gewaltdelikt begeht (vgl. Baier, 2011, S. 43).

Am Kriminologischen Forschungsinstitut Niedersachsen werden seit 1998 verschiedene Dunkelfeldbefragungen durchgeführt. In vier deutschen Großstädten (Stuttgart, München, Schwäbisch Gmünd und Hannover) erfolgte nach 1998 auch im Jahr 2005 eine Wiederholungsbefragung nach demselben methodischen Vorgehen und mit vergleichbar hohen Fallzahlen (vgl. Baier, 2008).

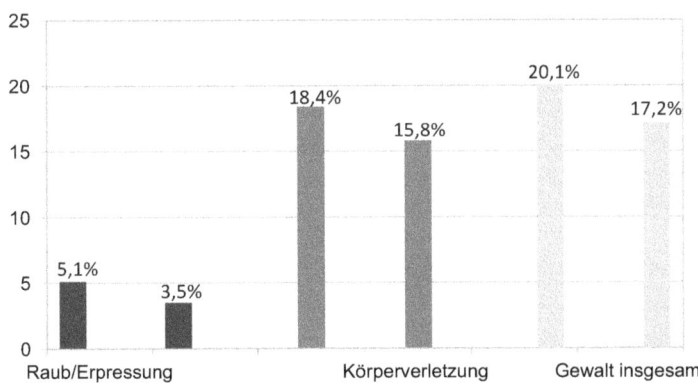

Abbildung 6: Anteil Jugendlicher, die in den letzten zwölf Monaten Gewaltdelikte begangen haben (Quelle: Baier 2011, S.47)

Es ergeben sich für den Beobachtungszeitraum im Dunkelfeld nicht nur rückläufige Ergebnisse im Bereich der Raubtaten, sondern auch im Bereich der Körperverletzungsdelikte.

Demnach ist der Anteil an Jugendlichen, die mindestens eine Körperverletzung in den letzten zwölf Monaten begangen haben von 18,4% auf 15,8% gesunken. Insgesamt ist der Anteil von Schülern, die in den letzten zwölf Monaten eine Gewalttat begangen haben, um 2,9% gefallen.

Die wiederholt durchgeführten Dunkelfeldbefragungen deuten auf einen insgesamt rückläufigen Trend des Gewaltverhaltens hin. Auch geben sie keinen Hinweis darauf, dass Jugendgewalt in den letzten Jahren brutaler geworden sei. Eher das Gegenteil ist zu beobachten, wenn man sich die Entwicklung schwererer Deliktarten ansieht. Baier führt an, dass die Anzahl der Körperverletzungen mit Waffe 1998 genauso häufig vorkam, wie 2005/2006. Bei Körperverletzungen ohne Waffe ist ein Rückgang nachfolgender ärztlicher Behandlungen zu verzeichnen. Baier widerlegt damit die These, dass Jugendgewalt immer brutaler werden würde (vgl. Baier, 2011, S.48). Auch Nolting vertritt dieselbe Meinung und verweist auf die nach Baier durchgeführten Dunkelfeldstudien (vgl. Nolting, 2015, S. 19).

4 Sozial- und entwicklungspsychologische Theorien zum Thema Aggression

In der wissenschaftlichen Forschung gibt es eine Vielzahl unterschiedlichster Modelle, die den Anspruch erheben, menschliche Aggression zu erklären. Dieses Kapitel beschäftigt sich mit verschiedenen Ansätzen, die Aggression auf unterschiedlichste Art und Weise zu erklären versuchen. Jede der Theorien bietet Erklärungsansätze für aggressives Verhalten, aus denen pädagogische Interventionen abgeleitet und begründet werden können.

In der Entwicklungspsychologie werden meist Lern- und Triebtheorien zur Erklärung aggressiven Verhaltens herangezogen. Auch die Aggressions-Frustrations-Hypothese nach Dollard fällt in das Gebiet der Psychologie. Diese Theorien setzen zumeist bei der genetischen Disposition des einzelnen Menschen an und verweisen auf die Wechselwirkung zwischen Persönlichkeitsmerkmalen und gegebenen Umweltfaktoren, während soziologische Wissenschaftstheorien stärker Umwelteinflüsse, wie beispielsweise Familie, Schule und andere Sozialisationsinstanzen in den Fokus nehmen (vgl. Hurrelmann & Bründel, 2007, S. 33).

Die vorliegende Arbeit orientiert sich an ontogenetischen Ansätzen. Grundsätzlich versteht man unter Ontogenese die individuelle Lerngeschichte eines Menschen. Demnach wird in dem folgenden Teil untersucht, wie sich im Laufe des Lebens aggressives Verhalten entwickelt und welche Faktoren dafür maßgeblich sind. Dazu widmet sich die Arbeit im Folgenden zuerst den Triebtheorien im Allgemeinen und im Speziellen Freud sowie Konrad Lorenz. Danach werden Erkenntnisse aus der Aggressions-Frustrations-Hypothese nach Dollard dargestellt. Abschließend wird die Sozialkognitive Lerntheorie nach Bandura sowie das Bio-Psycho-Soziale Modell vorgestellt.

Die einzelnen Theorien haben nicht den Anspruch, Aggression und Gewalttätigkeit in ihrer ganzen Komplexität zu erfassen, sie sind jedoch richtungsweisend für die weiterführende konzeptuelle Theoriebildung und führen letztendlich zu wissenschaftlich fundierten Überlegungen zum praktischen Umgang mit Aggression und Gewalt.

4.1 Trieb– und Instinkttheorien der Aggression

Trieb- und Instinkttheorien gehen im Kern von einem angeborenen Aggressionspotential aus. Sowohl Mensch wie auch Tier verfügen über einen angeborenen und vor allem genetisch determinierten Instinkt zur Aggression. Dieser Instinkt stand ursprünglich im Sinne der Verteidigung des Lebens sowie der Arterhaltung und sicherte den Individuen einen Selektionsvorteil (vgl. Hurrelmann & Bründel, 2007, S. 34). Ursprünglicher Begründer dieser Theorien ist laut E. Fromm Darwin, da sämtliche Trieb- und Instinkttheorien auf dessen Evolutionstheorie gründen (vgl. Fromm, 1999, S.17).

Theorie nach Freud: Sigmund Freud, welcher als Pionier der psychoanalytischen Wissenschaft gilt, ging von einer angeborenen Triebhaftigkeit aggressiven Verhaltens im Menschen aus. Unter Trieb versteht man in psychoanalytischer Tradition einen *„dynamischen, innerseelischen Vorgang, der einen zielgerichteten Drang des Organismus zu emotionalen oder motorischen Reaktionen (oder beidem) zur Folge hat, und dessen Grundlage im somatischen Bereich zu suchen sei […]."* (vgl. ebd.). Freud vertritt einen dualistischen Ansatz. Er differenziert dabei zwischen zwei dem Menschen innewohnenden Trieben: Eros und Thanatos (vgl. ebd.). Der Todestrieb (Thanatos) bildet in seinem Erklärungsansatz einen antagonistischen Gegenpool zum sog. Lebenstrieb (Eros). Sämtliche Verhaltensweisen, wie auch der Aggressionstrieb, ist nach Freud in diesen Trieben determiniert (vgl. ebd., S.57). Der sog. Todestrieb richtet sich gegen den Organismus und würde zu dessen Zerstörung führen, wenn dieser nicht nach außen gerichtet werden würde (vgl. Fromm, 1999, S.18). Wird diese Umlenkung nach außen hin verhindert, richtet sich die Aggression gegen die eigene Person und führt zuletzt zu dessen Selbstzerstörung (vgl. Kilb 2011, S.32).

Aggression versteht sich demnach nicht als Reaktion auf bestimmte auslösende Reize, sondern bildet einen ständig fließenden Impuls. Die Intensität dieses Impulses könne zwar reduziert werden, die grundsätzliche Beherrschtheit durch diesen bliebe aber bestehen (vgl. Fromm, 1999, S.18). Aggressives Verhalten wird nur dann gezeigt, wenn die Verantwortlichen diese natürlichen, unangepassten Triebe in Handlungen umgesetzt werden. „Normalmenschen" haben gelernt, diese sozialschädlichen Triebe in unschädlicher Weise abzuleiten (vgl. Köhler, 2006, S.46). Weidner sieht gewalttätige Handlungen vor diesem Hintergrund begründet im „Mischverhältnis" der beiden Triebe, welches hauptsächlich durch die frühkindliche Entwicklung geprägt zu sein scheint (vgl. Weidner, 1993, S.16). Kritisiert wird diese Theorie vor allem aufgrund der Schwierigkeit, sie empirisch zu belegen (vgl.

Straßmaier & Weberik, 2018, S.56 ff.; vgl. Kilb 2011, S.32). Auch legt diese Theorie eine eher pessimistische Grundlage für die pädagogische Praxis, da sie keinen Ausweg aus der Zerstörung des Selbst oder anderer zulässt.

Theorie nach Lorenz: Der Verhaltensbiologe Konrad Lorenz geht ebenfalls, wie Freud, davon aus, dass Aggressivität als biologisch verankerte Disposition vorliegt und diese notwendig zur Arterhaltung ist. So dient die intraspezifische Aggression nach Fromm dem Überleben der eigenen Art. Weiterhin führt er fort, dass sich die ursprünglich „tödliche" Aggression heute hin zu einer Verhaltensform gewandelt habe, die eher aus symbolischen Drohungen besteht (vgl. Fromm, 1999, S.17f.). In Analogie zur Triebtheorie von Freud geht auch Lorenz von einer Art Aggressionstrieb aus, welcher von einer *„ständig fließenden Energiequelle gespeist wird"* (Fromm, 1999, S.16). Durch die ständig neu erzeugten aggressiven Impulse kommt es zu einem Aufstauen des sog. Aggressionspotentials. Durch die sich so sukzessiv kumulierende aktionsspezifische Energie, wird die Wahrscheinlichkeit einer Verhaltensaktivierung stark erhöht, bis ein äußerer Reiz zur Entladung der aufgestauten Impulse führt (vgl. Straßmaier & Werbik, 2018, S.70f.). Hurrelmann und Bründel sprechen hier von einem inneren Dampfkessel (die sog. „Dampfkesseltheorie"), der von Zeit zu Zeit Druck abgeben muss, um nicht zu explodieren (2007, S.35). Bleibt ein solches „Druck ablassen" aus, kommt es zu einem Aggressionsstau und in dessen Folge zu einer reflexartig, unkontrollierten aggressiven Verhaltensweise (vgl. Köhler, 2006, S. 46). Zur Vermeidung und Prävention solcher Aggressionsausbrüche wurde die Karthasishypothese aufgestellt. Sie geht davon aus, dass *„das Ausleben von Aggressionen die zugrunde liegende Triebenergie vermindere, damit also zum Erlöschen der feindseligen Aktion führen müsse."* (Straßmaier & Werbik, 2018, S.71). So schlägt Lorenz zur Reduktion des Aggressionstriebs die Übertragung auf Ersatzhandlungen vor (vgl. Lorenz, 1963 zit. n. Weidner, 1993, S.15). Von weiterem Interesse ist anhand dieser Überlegungen die Frage, ob man aggressive Gefühle einfach herausschreien könne, wie Nolting es formuliert (vgl. Nolting, 2015, S.203f.). Die Karthasishypothese gilt in der psychologischen Forschung als widerlegt (vgl. Weidner, 1993, S.15; vgl. Nolting 2015, S. 208), womit als Folge auch das sogenannte „Kanalisieren" von Aggressionen als widerlegt gelten muss.

4.2 Die Frustrations- Aggressions- Hypothese nach Dollard et al
Die im Jahr 1939 durch Dollard et al. veröffentlichte Frustrations-Aggressions-Hypothese verfolgt einen monokausalen, psychoanalytisch orientierten Erklärungsansatz für das Auftreten von Aggression (vgl. Weidner, 1993, S. 20). Ihr liegt, im Gegensatz zu den bereits oben vorgestellten triebtheoretischen Ansätzen, keine genetische Veranlagung im Sinne eines Triebes zu Grunde (vgl. Köhler, 2006, S.47).

Vielmehr geht man davon aus, dass das Verhaltensmuster, auf Frustration mit Aggression zu reagieren, angeboren zu sein scheint (vgl. Tedschi, 2002, S.574).

In dieser Arbeit wird Frustration nach Hurrelmann & Bründel als „ein Ereignis oder Erlebnis, das dem Erreichen eines bestimmten Ziels im Wege steht, das von einem Menschen als außerordentlich bedeutsam oder wichtig angesehen wird." (Hurrelmann & Bründel 2007, S.37) verstanden. Diese Theorie ist vor allem deshalb für die Thematik dieser Arbeit von besonderem Interesse, da sie persönliche Alltagserfahrungen mit Aggressionen in Beziehung setzt (vgl. Wolter, 2014, S. 27). Durch diese alltagsbezogenen Umstände bietet Dollards et al. Therorie eine Vielzahl von pädagogischen Interventionsmöglichkeiten.

Nach Dollard (1993 zit. n. Weidner, 1993, S.20) lauten die vier zentralen Hypothesen:

- Frustration führt zu aggressiven Verhaltensformen und Aggression
- Die Aggressionsstärke ist proportional zur vorangegangenen Frustrationsstärke. Diese kumuliert sich solange, bis es zu einem aggressiven Akt kommt.
- Durch aggressives Verhalten wird aggressive Energie abgeführt, was zu einer Reduktion weiterer Aggressionsbereitschaften führt (Karthasishypothese).
- Wird die Aggressionsausübung gehemmt, kommt es zu einer Aggressionsverschiebung auf andere Personen, Objekte oder andere, indirekt aggressive Verhaltensweisen werden gezeigt.

Überträgt man die Erkenntnisse des Frustrations-Aggressions-Theorems auf die Arbeit mit Kindern und Jugendlichen lassen sich viele Vorkommnisse physischer sowie psychischer Gewalt, damit erklären, dass die betroffenen Jugendlichen sich in ihren adoleszenten Entwicklungsaufgaben blockiert bzw. beeinträchtigt fühlen. In einem erweiterten Frustrationsverständnis können auch negative Emotionen, wie sie allgegenwärtig in der Adoleszenz vorkommen, aggressives Verhalten auslösen (vgl. Hurrelmann & Bründel, 2007, S. 2007).

4.3 Lernen am Modell nach Bandura
Vom Standpunkt der kognitionstheoretischen Sicht wird der Mensch weder durch innere Kräfte getrieben (Triebtheorie), noch durch Umweltfaktoren hilflos herumgestoßen (Frustrations- Aggressions- Theorie). Vielmehr geht sie davon aus, dass das Verhalten nicht bloß eine Reaktion auf die Umwelt ist, sondern sich Umwelt und Verhalten reziprok beeinflussen (vgl. Bandura, 1973, S.59). Sie geht weiterhin davon aus, dass es für aggressives Verhalten keine Erklärung eigener Art gibt, sondern dieses in einem Lernprozess angeeignet wurde. Aggressives Verhalten leitet sich demnach von sozialen und gesellschaftlichen Modellen ab. Bandura fasst es wie folgt zusammen:

„It is evident [...] that human bevior is to a large extent socially transmitted, either deliberately or inadvertently, through the behavioral examples provided by influetial models." (Bandura, 1973, S. 68).

Im umgangssprachlichen Gebrauch ist der Begriff Lernen für leicht erkenntliche Vorgänge reserviert. Man versteht darunter den Erwerb von Wissen und Fertigkeiten. Der wissenschaftliche Begriff hingegen ist umfassender und erklärt auch komplizierte Lernvorgänge. Die Sozialwissenschaften verstehen unter Lernen *„einen Vorgang, der dauerhaft zum Entstehen oder zu einer Veränderung von Verhalten und psychischen Merkmalen aufgrund von Erfahrungen führt."* (Schottmayer, 2010, S.153). Doch beschränkt sich der Lernbegriff nicht nur auf destruktives Sozialverhalten, sondern bezieht sich auf jegliche Formen der sozialen Interaktion. Die Fähigkeit zum Lernen ist Voraussetzung menschlicher Entwicklung und ermöglicht es, Erfahrungen zu speichern und auf wechselnde Umweltbedingungen zu reagieren (vgl. Schottmayer, 2010, S.152). Lernen ereignet sich durch Erfolgs- bzw. Misserfolgserfahrungen. Erfolg führt zu einer Bestätigung des Verhaltens und initiiert einen Lernvorgang, der sich durch Wiederholung verfestigt (vgl. Nolting, 2015, S.111). Dieser Vorgang ist durch die Theorie des Erfolgslernen beschrieben. Lernen findet demnach statt, wenn ein Verhalten durch seine Konsequenzen dauerhaft beeinflusst wird. Die erfahrene Konsequenz nimmt die Funktion eines Feedbacks ein (vgl. Schottmayer, 2010, S. 156).

„The principle that behavior is strongly controlled by its consequences applies equally to aggression. Aggressive actions that are rewarded tend to be repeated, whereas those that are unrewarded or punished are generally discarded." (Bandura, 1973, S. 183).

Für das Entstehen eines komplexen Lernvorgangs, wie es ein Aggressions- bzw. Gewaltpotential ist, sind andauernde Bestätigungs- und Verstärkungsvorgänge vonnöten (vgl. Schottmayer, 2010, S.153). Ist die Reaktion auf aggressives Verhalten negativ, kann dies zur Ausbildung von Aggressionshemmungen beitragen. Daraus darf jedoch nicht der Trugschluss gezogen werden, dass aggressives Verhalten mit aggressiven Reaktionen vergolten werden solle, da besonders harte Strafe ebenso als Modell wirken (vgl. Nolting 2015, S.112).

„Inhibitory and disinhibitory effects are largely determined by observation of rewarding and punishing consequences accompanying models responses." (Bandura 1973, S.68).

Das Lernen durch Beobachtungen ist essenzieller Teil der frühkindlichen Entwicklung. So kommt es, dass Lernvorgänge, die in einem frühen Stadium erlangt werden, grundlegender zu seien scheinen als spätere (vgl. Schottmayer 2010, S.153). Sichtbare

Aggressionshandlungen innerhalb der Familie verfestigen sich so sehr schnell und werden in sozialen Interaktionen eingeübt und gelernt (vgl. Hurrelmann & Bründel, 2007, S.40). Dies verdeutlicht die Relevanz der primären Sozialisation für ein gelingendes Lernen von prosozialen Normen und Verhaltensweisen. Gestörte Bindungsmuster, antisoziale Verhaltensweisen sowie eine grundlegend negative Lebensumwelt können bereits den Grundstein für späteres delinquentes Verhalten legen und so nachhaltig die Entwicklung der Persönlichkeit beeinflussen.

Für die vorliegende Arbeit lassen sich aus dem lerntheoretischen Ansatz folgende wichtige Erkenntnisse gewinnen:

- Was man erlernen kann, kann man auch wieder verlernen.
- Ebenso wie man destruktive Verhaltensweisen lernen kann, kann man auch prosoziales Verhalten lernen.

Somit haben die Befunde der sozial kognitiven Lerntheorie besonders für den Bereich der Kinder und Jugendhilfe eine große Relevanz. Wolter (2014, S. 28) legt den Fokus auf den Bereich der Schulgewalt und formuliert die Forderung negative Vorbilder weitestgehend zu reduzieren und prosoziale Verhaltensweisen zu fördern. Doch nicht nur im schulischen Kontext, sondern bei grundsätzlicher Konzeption von Gewaltpräventionsmaßnahmen, sollten die Erkenntnisse berücksichtigt werden. Aggressive Modelle begegnen uns im Leben täglich. In der Familie, Schule oder den Medien. Aus den vorgestellten Ergebnissen lässt sich ableiten, dass Menschen, die in ihrem Leben häufig aggressiven Modellen ausgesetzt sind, mit höherer Wahrscheinlichkeit auch aggressive Verhaltensweisen entwickeln. Es gilt also negative Vorbilder soweit es geht zu begrenzen.

4.4 Das bio-psycho-soziale Modell

Die vielen verschiedenen theoretischen Erklärungsansätze verdeutlichen, dass sich aggressives Verhalten von jungen Menschen sicherlich nicht nur auf einzelne, isolierte Wirkungsfaktoren zurückführen lässt. Vielmehr stellen sie das Resultat langfristiger Entwicklungsprozesse dar. Häufig bedingen sich vielfältige Faktoren gegenseitig. Am Ende dieses Entwicklungsverlaufs steht aggressives Verhalten. Für den Umgang mit aggressivem Verhalten ist es deshalb von großer Bedeutung, Wirkzusammenhänge zu verstehen. Außerdem kann es im Sinne einer gelingenden Prävention von Gewaltverhalten sinnvoll sein, sich vorangegangene Problemfelder zu vergegenwärtigen, da bereits aus diesen eine relativ zuverlässige Prognose zur Dissozialitätsentwicklung abgeleitet werden kann. Präventive Interventionen an diesen Problemlagen liegen nahe (vgl. Raabe & Beelmann, 2011, S. 88). Bannenberg bezeichnet vor diesem Hintergrund Aggressivität als „ein biopsychosoziales Phänomen" (Bannenberg, 2010, S. 6). Das biopsychosoziale Modell der Verhaltensentwicklung bietet einen Ansatz zur Erklärung der Entstehung von aggressivem Verhalten und beschreibt die wechselseitigen Verbindungen zwischen biologischen, psychologischen und sozialen Risikofaktoren für die Entstehung von Gewalt. Anhand dieses Modells lassen sich Risiko- und Schutzfaktoren im Entwicklungsprozess identifizieren. Es liefert eine umfassende Darstellung der Entstehungsbedingungen aggressiven Verhaltens. Da die vorliegende Arbeit eher einen lerntheoretischen Ansatz zur Erklärung von aggressivem Verhalten verfolgt, wird das Hauptaugenmerk auf dem Bereich der sozialen Risikofaktoren liegen.

Biologische Risikofaktoren und Psychologische Risikofaktoren.

- Unter biologischen Risikofaktoren fasst das Modell genetische, neurobiologische und physiologische Faktoren zusammen. Darunter fallen u.a. Beeinträchtigungen durch Schwangerschafts- und Geburtskomplikationen. Weiterhin belegen verschiedene Studien eine Störung des Testosteron-, Serotonin und Cortisol-Haushalts (vgl. Schick, 2011, S.24f.). Auf der Ebene der psychologischen Risikofaktoren werden Kognitions- und Emotionsentwicklung betrachtet. So zeigt sich beispielsweise, dass das Vorhandensein eines „schwierigen Temperaments" als Risikofaktor für die Entwicklung dissozialer Störungen gilt (vgl. Schick, 2011, S.25).

Soziale Risikofaktoren.

- *Elterliches Erziehungsverhalten.* Charakteristisch für Menschen ist es, starke, affektive Beziehungen untereinander einzugehen. Befriedigende und dauerhafte menschliche Beziehungen werden nach Bowlby mit dem Begriff der Bindung bezeichnet. Nach dessen Erkenntnisse und vielen nachfolgenden Untersuchungen wirken sich besonders frühkindliche Beziehungserfahrungen auf die weitere Entwicklung aus (vgl. Bowlby, 1984, zit. n. Schottmayer, 2011, S. 129). Haben Kinder in ihrer Entwicklung eine stabile und zuverlässliche Zuwendung erfahren, gehen sie mit einer positiven Selbsteinschätzung andere Beziehungen ein. Haben sie hingegen unaufmerksame oder abweisende Erfahrungen gesammelt, gehen sie eher weniger neue Beziehungen ein und geraten leichter in Streit (vgl. ebd.). Dieses Beziehungsmuster gilt als Risikofaktor für die Entstehung dissozialer Verhaltensweisen und begünstigt die Entwicklung aggressiver Handlungsweisen. So zeigt sich, aus Untersuchungen und Erfahrungen in der Kinderpsychotherapie, dass Aggression und Gewalt Anzeichen von Bindungsstörungen sind (vgl. ebd.). Neben dem Bindungsverhalten scheint auch der grundlegende elterliche Erziehungsstil darüber zu entscheiden, wie sich ein Kind entwickelt (vgl. Sutterlüty, 2009, S.109). Brezinka (2003, S.72) beschreibt, dass eine zu strenge Erziehung genauso als Risikofaktor für späteres aggressives Verhalten gilt, wie inkonsequente Erziehung. Aggressives Verhalten wird jedoch maßgeblich durch erlebte häusliche Gewalt bedingt (vgl.

Wolter, 2014, S.29). Als besonders prägend haben sich Gewalterfahrungen gezeigt, die bereits in frühkindlichen Entwicklungsphasen durchlebt werden (vgl. Baier et al., 2009, S.80). Gewalterfahrungen in der Kindheit und Jugend stehen in engem Zusammenhang mit selbst ausgeübter Gewalt als Minderjähriger und Erwachsener (vgl. Deegener & Körner, 2011, S. 163 ff.). Nach lerntheoretischen Ansätzen wird Aggression über Modelllernen sowie direkte Verstärkung gelernt. So können sich aggressive Handlungsschemata als Konfliktbewältigungsmechanismen etablieren. Die Transmission von Gewalt innerhalb der Familie wird in der empirischen Forschung insbesondere über das Modelllernen erklärt (vgl. Deegener & Körner 2011, S. 176).

- *Peergroups.* Während in der primären Sozialisation vor allem die familiäre Umwelt entscheidend für die Verhaltensentwicklung ist, spielen mit zunehmendem Alter die Peers eine immer größer werdende Rolle. Die sekundäre Sozialisation ist überwiegend durch Einfluss der Peergroup bestimmt. Je ausgeprägter Enttäuschung und Herabwürdigung in der primären Sozialisation waren, desto intensiver gestaltet sich die Orientierung an der Peergroup (vgl. Weidner, 1993, S.55). So ergibt es sich, dass dissoziale Jugendliche vornehmlich den Kontakt zu ähnlichen Gleichaltrigen suchen, da sie den Werten der eigenen Verhaltensweisen entsprechen (vgl. Nolting, 2015, S.123). So stellen Baier et al. fest, dass es einen starken Zusammenhang zwischen Zugehörigkeit zu einer solchen Gruppe und dem eigenen Gewaltverhalten besteht. Sie stellen weiter fest, dass eine Peergroup, die im Schwerpunkt aus delinquenten bzw. gewaltbereiten Peers besteht, als stärkster Einflussfaktor auf die eigene mögliche Delinquenz bzw. Gewaltbereitschaft dient. Je größer demnach die Anzahl delinquenter Freunde, desto größer die Wahrscheinlichkeit selbst delinquentes Verhalten zu zeigen (vgl. Baier et al., 2010, S.11). Besonders eminent ist die Orientierung am Gruppenanführer, der häufig aggressives Verhalten vorlebt (vgl. Nolting, 2015, S.123). Aufgrund des positiven Feedbacks in Bezug auf aggressives Verhalten innerhalb der Gruppe übernehmen, analog zur Theorie des Lernens am Modell, Gruppenmitglieder schnell das so vorgelebte Verhalten. Die Anteilnahme an solchen Gruppenprozessen kann demnach als eigener Risikofaktor für das Ausleben aggressiven Verhaltes angesehen werden.
- *Adoleszenzphase.* Die Lebensphase der Adoleszenz stellt sich als tiefgreifender Transformationsprozess dar und gilt als Phase des Übergangs von Kindheit zum Erwachsenenalter (vgl. Kilb, 2011, S.48). Zu den zentralen Entwicklungsaufgaben in diesem Lebensabschnitt gehört die Ausbildung einer eigenen Identität. Wie in Kapitel 3 bereits aufgezeigt, korreliert die Zeitspanne der Adoleszenz mit einer erhöhten Kriminalitätsrate. Man spricht hier von einem ubiquitären

Entwicklungsphänomen, das unabhängig vom gesellschaftlichen Stand bei einem Großteil aller Jugendlichen temporär auftritt (vgl. Wittenberg, Reinecke & Boers, 2009, S.117). Dies lässt sich u.a. durch den Ablösungsprozess alter Normen und Werte erklären. Jugendliche stellen in dieser Phase familienübernommene Werte und Normen in Frage und überschreiten dabei oftmals Gesetze (vgl. Ahrbeck, 2010, S.24; Baier et al., 2009, S.15; Bannenberg, 2009, S.23). Die Adoleszenzphase entpuppt sich, in der heutigen Gesellschaft, als eine der instabilsten und risikoreichsten Entwicklungsphasen überhaupt (Vgl. Kilb, 2011, S. 48; Ahrbeck, 2010, S.64). Das Fehlen eindeutiger gesellschaftlicher Rollenmuster in der modernen Gesellschaft führt zu einer großen Bandbreite der Bewältigungsmöglichkeiten (vgl. Kilb & Werner, 2009, S. 75). Mit einer solchen Bewältigungsaufgabe konfrontiert, kann Druck entstehen, der sich in nonkonformen Verhaltensweisen entlädt (vgl. Kilb, 2011, S.48). Eine gelingende Bewältigung, der durch die Adoleszenz entstehenden Entwicklungskrise, ist für die zukünftige Entwicklung von immenser Bedeutung. Im negativen Fall können sich bisherige ungelöste innere Konflikte verdichten und verschärfen. Vor allem durch Gewalt resultierende Opfererfahrungen können in ein aktiv gewalttätiges Handeln umschlagen (vgl. Ahrbeck, 2010, S.22).

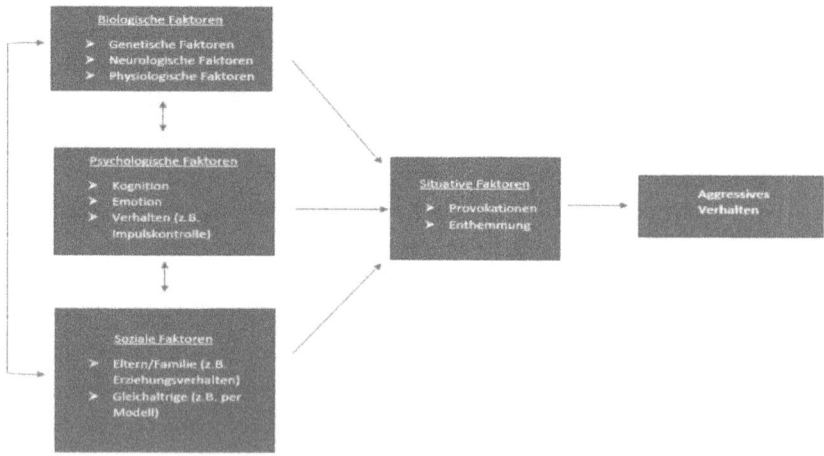

Abbildung 7; Bio- psycho- soziales Risiko- und Schutzfaktorenmodell aggressiven Verhaltens (Quelle: Schick, 2011, S.31)

5 Auslöser aggressiven Verhaltens

Im folgenden Kapitel werden Antworten auf die Frage gegeben, wie und unter welchen Umständen Aggression und Gewalt zustande kommen. Erkenntnisse über die Auslösungsbedingungen von Aggression und Gewalt, also welche Situationen und Einflüsse ein Auftreten aggressiver Verhaltensweisen beeinflussen, stellen für den Umgang mit

Aggression und Gewalt eine äußerst relevante Informationen dar. Es geht hierbei überwiegend um situative Einflüsse, die zwar das Auftreten, nicht aber die Entstehung von Aggression und Gewalt erklären. Schottmeyer (2010, S.72) legt nahe, dass bevor auslösende Momente stattfinden, bereits ein abrufbares Potential für Aggression vorliegen müsse.

5.1 Ärger

Nolting (2015, S. 37ff.) stellt die These auf, dass aggressives Verhalten nur dann auftritt, wenn man sich über einen negativen Anlass (hier Frustration, Konflikt, Provokation) ärgert. Er belegt diese These anhand der 1982 durchgeführten Ärgerstudie von James Averill. Aus ihr geht u.a. hervor, dass bei Vorhandensein der Emotion Ärger die Wahrscheinlichkeit einer aggressiven Verhaltensweise erhöht wird.

Negativer Anlass -> Ärger -> aggressives Verhalten (Nolting, 2015, S.38)

Diese Sequenz erscheint sinnvoll, kann aber nur einen Teil des Zustandekommens von aggressivem Verhalten erklären. Negative Anlässe führen nicht immer zu Ärger. Ärger nicht immer zu aggressivem Verhalten und letztendlich kann aggressives Verhalten auch ohne Vorhandensein negativer Anlässe oder Ärger entstehen (vgl. Nolting, 2015, S. 38).

5.2 Frustration.

Um die Auslösung von Aggression durch Frustration zu erklären, bedarf es zunächst der näheren Betrachtung zweier Begrifflichkeiten: „Frustrationsereignis" und „Frustrationserlebnis". Unter *Frustrationsereignis* versteht man die äußere Bedingung, die eine Beeinträchtigung zur Folge hat. Unter *Frustrationserlebnis* wird der innere Zustand, der durch die Beeinträchtigung ausgelöst wird, verstanden (vgl. Schottmayer, 2011, S. 90) Die aufgeführte Unterscheidung zwischen Frustrationsereignis und Frustrationserlebnis ist von Bedeutung, da nicht jede äußere Einwirkung zu einer inneren Betroffenheit führen muss (vgl. Schottmayer, 2011, S. 90). Nach Schottmayer (ebd.). lassen sich 3 Arten von Frustrationen unterscheiden.

- Die Hindernis-Frustration beschreibt, dass zwischen Absicht einer Handlung und ihrer Verwirklichung ein Hindernis besteht. Diese Art von Frustration entsteht, wenn Handlungen misslingen, Fehlschläge feste Absichten zunichtemachen oder Vorhaben scheitern.
- Die Entbehrungs-Frustration, die durch Mängelzuständen bedingt ist. Beispiele dafür sind u.a. Mangel an Zuwendung und Anerkennung, Vernachlässigung und Herabsetzung. Auch materielle Mängel können Ursache einer Entbehrungs-Frustration sein.

- Die Stör-Frustration charakterisiert sich über störende Einwirkungen auf das Individuum. Als störende Einwirkungen werden bspw. das Wetter, Lärm, Hitze, Angriffe mit Worten oder Handlungen wie Belästigung oder Anrempeln verstanden. Schwerwiegende Lebensereignisse wie Tod von Angehörigen, Trennung vom Partner, schwere Krankheit oder Einsamkeit, aber auch Arbeitslosigkeit oder Verarmung können zu Stör-Frustrationen führen.

Ob ein Frustrationsereignis eine aggressive Reaktion auslöst, hängt in erster Linie mit der Beschaffenheit des Frustrationsereignisses ab und der damit verbundenen persönlichen Interpretation und Reaktion. Die Stärke des Frustrationserlebnis hängt damit maßgeblich von der subjektiven Bewertung ab. Nolting (2015, S.38) kommt zu dem Ergebnis, dass ein Frustrationsereignis kaum Ärger auslöst, wenn man darin keine böse Absicht wahrnimmt oder es auf andere Umstände zurückführen kann. Sicher lässt sich aber festhalten, dass je größer die subjektive Motivation ist, das Ziel zu erreichen, desto größer ist die erwartete Frustration (vgl. Hurrelmann & Bründel, 2007, S.37).

Es gibt eine große Bandbreite mit Frustrationen umzugehen. Schottmeyer (2011, S. 92) zählt dazu u.a. konstruktives Verhalten, tolerierendes Verhalten, ausweichendes Verhalten und aggressives Verhalten. Wie jemand de facto auf eine Frustration reagiert, hängt von einer Vielzahl situativer wie auch biografischer Faktoren ab. Jeder Mensch verfügt über ein, im Laufe seiner Individualentwicklung entstandenes, repetitives Verhaltensrepertoire für den Umgang mit Frustrationen. Weiterhin führt Schottmeyer an, dass Frustrationen Gewalt vornehmlich in Konstellationen begünstigen, in denen Aggression und Gewalt als Erregungsreaktion auftritt. Das heißt begleitet sind von stärkerer Erregung, wie etwa Ärger, Zorn oder Wut, die Rückgriffe auf Vernunft und soziales Verhalten überlagern und verhindern (vgl. Schottmeyer, 2011, S. 92). Nach Thomas (1995, S.285f.) kann durch starke emotionale Erregung sogar eine vollständige kognitive Blockade auftreten, die zu einem unbewussten Rückgriff auf automatisierte Handlungsmuster führt.

5.3 Konflikte

In der Arbeit mit Kindern und Jugendlichen sehen sich professionelle Fachkräfte oftmals mit Konflikten konfrontiert. Konflikte sind im Spannungsfeld der Sozialen Arbeit allgegenwärtig. Nichtsdestotrotz sind Konflikte nicht nur negative Bestandteile des sozialen Miteinanders, sondern bieten auch Lernfeld für sozial akzeptiertes Verhalten. Mücke und Korn (2000, S. 22) unterscheiden in mögliche Auslöser für Konflikte:

Jemand etwas wegnehmen. Unter Jugendlichen scheint es ein beliebtes Spiel zu sein, sich gegenseitig etwas wegzunehmen. Dieses Verhalten dient der Demonstration von Macht.

Machtkämpfe unter Jugendlichen. Auch dieser Punkt findet häufig in Gruppenzusammenhängen seinen Platz. Die Jugendlichen versuchen u.a. durch Provokationen auszutarieren, wer der „Mächtigste" in der Gruppe ist. Auch die Demonstration einer höheren Stellung, über andere, führt oftmals zu Auseinandersetzungen.

Provokationen unter Jugendlichen gelten als hauptverantwortlich für Konflikte jeglicher Art. Provokationen im Kinder und Jugendhilfebereich werden oft soweit geführt, bis sich das Gegenüber zur Wehr setzt, oftmals auch durch gewalttätiges Verhalten. Die Provokation gilt als die bekannteste Legitimationsform eigener Gewalthandlungen (vgl. Kilb, 2011, S. 30).

6 Umgang mit aggressivem Verhalten in der pädagogischen Praxis

Die praktische Arbeit mit stark verhaltensauffälligen Kindern und Jugendlichen spielt sich weitgehend in stationären Jugendhilfeeinrichtungen ab (vgl. Dutschmann & Lukat, 2011, S. 136). Deshalb lohnt ein Blick auf dieses spezielle Arbeitsfeld. Zu diesem Thema liefert der Fachbereich Angewandte Sozialwissenschaft der Fachhochschule Dortmund eine empirische Studie (2007). Auf Grundlage der Fachliteratur zur Thematik der Aggression wurde ein Fragebogen entwickelt, der an Einrichtungen der stationären Erziehungshilfe verschickt wurde. Insgesamt wurden 840 Fragebögen an Institutionen verschickt. Die hohe Rücklaufquote von 47% legt einen hohen Stellenwert in Bezug auf die Thematik Aggressionen in diesem Bereich nahe. Die beteiligten Fachkräfte gaben an, dass bei 42% der in stationären Einrichtungen lebenden Kindern und Jugendlichen aggressive Verhaltensweisen wichtige Gründe für die Unterbringung waren. Dementsprechend geben 71% der Befragten an, dass in den letzten 5 Jahren, aggressive Verhaltensweisen stark zugenommen haben. Die größere Mehrheit ist weiterhin der Auffassung, das verbale Aggressionen (81%) und körperliche Gewalt (58%) sehr stark zugenommen hätten. 97% der befragten Pädagogen und Pädagoginnen sind der Auffassung, dass es aggressionsauslösende Situationen im Alltag des Heimaufenthalts gibt. Als auslösende Situationen wurden zum einen Überforderungssituationen (92%) und zum anderen Konflikte im Zusammenhang mit der Schule (73%) ausgemacht. Gewalt erscheint, laut Forschungsbericht, hauptsächlich in Form von verbaler Gewalt bzw. Provokationen der Kinder und Jugendlichen untereinander. 86% der befragten Fachkräfte gaben an, dieses Verhalten häufig bis sehr häufig zu beobachten.

Verbale Gewalt gegenüber Mitarbeitern der jeweiligen Einrichtung kommt in 48% der Antworten häufig bzw. sehr häufig vor. Körperliche Gewaltanwendungen gegenüber pädagogischen Mitarbeitern gilt in der Praxis dagegen offenbar als eher selten (vgl. Günder & Reidegeld, 2007).

6.1 Wie reagiert man in einer akuten Krisensituation?

Situationen, in denen uns Aggression und Gewalt begegnen, sind nicht alltäglich. Wir besitzen kein routinemäßiges Verhaltensrepertoire, um damit umgehen zu können. Professionelles Handeln in akuten Krisensituationen ist stark personenspezifisch, da auch die Beziehungsdimension zwischen den handelnden Akteuren immer eine Rolle spielt (vgl. Kilb, 2011, S. 134). Gewalttätige Auseinandersetzungen erfordern zunächst einmal schnelles Eingreifen von Seiten der Pädagogen (vgl. Mücke & Korn, 2000, S.25). Direkte Gewalt in Einrichtungen stellt nach Hecht (2012, S. 28) immer eine Bedrohung dar, die unmittelbar erfolgt und es somit keine Pufferzone zeitlicher oder räumlicher Art gibt. Pädagogen wirken nur, wenn sie authentisch reagieren (vgl. Mücke & Korn, 2000, S. 25). Besonders im Fall einer unmittelbaren Reaktion, ist es wichtig, in einer authentischen Art so zu reagieren, dass das eigene Handeln konfliktdeeskalierend wirken kann (vgl. Kilb, 2011, S.134). Dafür müssen Pädagogen selbst eine eindeutige Haltung zu Gewalt und Angst haben (vgl. Mücke & Korn, 2000, S.25; Hecht, 2012, S.47). Authentisch zu reagieren, kann auch bedeuten, auf Konflikte, die den Pädagogen betroffen machen, selbst aggressiv zu reagieren (vgl. Mücke & Korn, 2000, S.30). Ist ein direktes Eingreifen in einen gewalttätigen Konflikt von Nöten, kann eine Methode sein, die Konfliktpartner durch lautes „Anschreien" von dem Konflikt abzulenken. In einer affektiv geladenen Auseinandersetzung reagieren Konfliktpartner meist nur auf offensive Interventionsmaßnahmen. Nach Mücke und Korn (2000, S.29) sind körperliches Dazwischengehen oder Schreien, die einzigen Möglichkeiten, die Aufmerksamkeit der Konfliktpartner zu erlangen.

6.2 Grundkompetenzen für den Umgang mit aggressivem Verhalten

Die praktische Arbeit mit verhaltensauffälligen Kindern und Jugendlichen bringt für das gesamte Helfersystem eine erhebliche Belastung mit sich, die zu Stress führen kann. Stress kann erhebliche Auswirkungen auf die Problemlösefähigkeit der Pädagogen haben, so dass als Rahmenbedingung festzuhalten ist, dass jeder Einzelne dafür sorgen muss, die Anzahl an Stressoren zu verringern (vgl. Dutschmann & Lukat, 2011, S. 136). Umgang mit Aggression und Gewalt setzt zum einen Wissen über Entstehungszusammenhänge sowie Auslösebedingungen voraus, auf deren Grundlage ein flexibles Verhaltensrepertoire gebildet werden kann. Wer in der beruflichen Praxis mit Gewalt und Aggression umgehen will, muss sich darüber im Klaren sein, womit er es zu tun hat. Das Handeln auf gut Glück oder auf Grundlage eigener Einstellungen birgt große Gefahren (vgl. Schottmeyer, 2011, S. 200). Es ist laut Schottmeyer (2011, S.200) nicht möglich, von Verhaltensweisen auf psychosoziale Bedingungen zu schließen und ebenso ist es nicht möglich, von festgestellten psychosozialen Missständen Verhaltensweisen vorherzusagen. Für den Umgang mit Gewalt bedeutet dies, dass man auf der einen Seite über Entstehungs- sowie Auslösungszusammenhänge von aggressivem Verhalten Bescheid wissen muss und auf der anderen Seite in der

Lage sein muss, situative Zusammenhänge in Bezug dazu zu stellen. Dutschmann & Lukat (2011, S. 136) führen an, dass die Bereitschaft, eigene Wahrnehmungs-, Denk-, Gefühls- und Verhaltensmuster zu erkennen und diese ggf. in Frage zu stellen, eine wichtige Kernkompetenz in diesem Bereich darstellt. Weiterhin ist in hohem Maß die Fähigkeit zum Selbstmanagement gefragt. Hecht (2012, S.47) führt fort, dass vor allem Kollegen hilfreich sind, die über hinreichende Resilienzerfahrungen verfügen, wenn es um den Umgang mit gewalttätigen Konflikten geht, da diese ein Gefühl dafür besitzen, welche Situationen sie bis zu welchem Zeitpunkt realistisch unter Kontrolle haben.

In vielen pädagogischen Zusammenhängen sind Situationen mit Aggressionen gewissermaßen impliziert und kommen somit in regelmäßiger Abfolge akut vor. Über den Umgang mit immer wieder auftretenden Gewaltphänomen kann sich eine Routine im Fachwissen (Erklärungswissen), in der Handlungskompetenz (Methodenwissen) sowie in der Sozialkompetenz (persönliche Haltung, Handlungskultur, Reflexionswissen) ausbilden und so Handlungsfähigkeit, auch in akuten Situationen, gewährleisten (vgl. Kilb, 2011, S. 134). Neben dem spezifischen Erklärungs- und Methodenwissen spielt für den Umgang mit aggressivem Verhalten auch eine konstruktive Kooperation im Helferteam eine bedeutsame Rolle (vgl. Dutschmann & Lukat, 2011, S.127).

6.3 Interventionsberechtigung
Wichtig für die pädagogische Arbeit ist es, zu erkennen, in welchen Situationen ein Pädagoge wie reagieren kann. Intervention in Konfliktsituationen setzen nach Mücke & Korn (2000, S.25) eine sog. Interventionsberechtigung voraus. Diese Interventionsberechtigung geht aus einer vertrauensvollen Beziehung hervor. Ist keine Interventionsberechtigung vorhanden, sind die Interventionschancen eher gering. Pädagogisch interveniert werden kann, nach Mücke & Korn (2000, S.25) wenn folgende Bedingungen erfüllt sind:

- Interventionsberechtigung liegt vor
- Der Pädagoge ist bereit, sich nicht vor dem Konflikt zu drücken, sondern will den Konflikt aufgreifen
- Die Situation ist noch nicht derart gravierend eskaliert, dass ein Eingreifen mit geringem Risiko noch möglich ist
- Der Pädagoge ist in der aktuellen Situation konflikt- und handlungsfähig

Wie eingangs bereits beschrieben, kann theoretisch nur schwer dargestellt werden, wann und wie interveniert werden kann. Ihle (1994 zit. n. Mücke & Korn, 2000, S.24) unterscheidet anhand unterschiedlicher Reaktionsmöglichkeiten in drei „Interventionstypen":

- Fluchttypus - Entzieht sich der Konfliktsituation.
- Kampftypus - Greift unmittelbar in das Geschehen ein.
- Schrecktypus - Reagiert auf Konfliktsituationen wie gelähmt.

Mücke und Korn (2000, S.24) ergänzen noch 2 weitere Typen:

- Kreativen Konflikttypus - Interveniert durch das Schaffen paradoxer Situationen und lenkt so die Konfliktpartner ab, z.b. durch das Anbieten von Aktivitäten.
- Kommunikativer Typus - Entschärft konfrontative Situationen durch beruhigendes Reden.

Für die richtige Bewertung und Auswahl geeigneter Maßnahmen gibt es keine objektiven Maßstäbe. Wichtig für die pädagogische Arbeit ist es, erkennen zu können, in welchen Situationen man wie reagiert. So wird es möglich, entweder adäquat in Konflikte einzugreifen oder aber Hilfe zu holen, wenn man sich der Situation nicht gewachsen sieht.

6.4 Selbstmanagement
Selbst gut elaborierte Konzepte, können an der Umsetzung scheitern. Besonders, wenn man sich mit Aggression und Gewalt konfrontiert sieht, kann es schnell passieren, dass man affektiv handelt. Es gilt: je höher die persönliche Erregung beim Pädagogen ist, desto größer ist die Gefahr unbedacht und rechtlich problematisch zu agieren (vgl. Dutschmann & Lukat, 2011, S.142). Vor diesem Hintergrund betrachten Dutschmann und Lukat (2011, S.142) das Konzept des Selbstmanagements als Möglichkeit, auch in krisenhaften Situationen professionell zu handeln. Oberste Maxime, egal mit welcher Form von Aggression man konfrontiert ist, muss sein, eine ruhige und besonnene Haltung einzunehmen und nicht selbst Teil des Problems zu werden. Durch Evaluation kritischer Ereignisse im Team kann die Selbstwirksamkeit gesteigert werden. Somit kann gelassener und besonnener in kritischen Situationen agiert werden. Weiterhin können durch Evaluation problematische Reaktionstendenzen analysiert und durchbrochen werden. Die beiden Autoren führen fort, dass es sinnvoll sein kann, eine „achtsame" Haltung einzunehmen, damit sich in Akutsituationen die Konzentration auf das Wesentliche beschränkt (2011, S.143).

7 Präventionsmaßnahmen bei aggressivem Verhalten
Die Palette an pädagogischen Maßnahmen an Prävention und Intervention ist groß und vielfältig. Entsprechend ist an dieser Stelle nur eine exemplarische Betrachtung eines Arbeitsansatzes, dem des Sozialen Kompetenztraining, möglich. Weiterhin wird es im zweiten Teil dieses Kapitels um den pädagogischen Umgang mit erlebter Aggression im Spannungsfeld der Kinder- und Jugendhilfe gehen.

7.1 Prävention
Prävention ist ein Containerbegriff, der nur wenig klar konturiert ist. Holthusen & Hoops (2011, S.55) sehen im Begriff der Prävention jegliche Aktivitäten, die darauf ausgelegt sind, antizipierte negative Ereignisse, Entwicklungen und Zustande zu vermeiden. Laut DJI- Arbeitsstelle Kinder- und Jugendkriminalitätsprävention- fallen unter den Begriff der

Gewaltprävention nur jene Programme, Strategien, Maßnahmen sowie Projekte, die vorrangig die Verhinderung bzw. Reduktion von Gewalt zum Ziel haben (vgl. ebd. 2011, S.56). Weiterhin gilt Prävention als Grundprinzip in der Kinder- und Jugendhilfe. Rechtliche Ausgestaltung findet dieses Prinzip im SGB VIII §1 Abs. 3 Satz 1. Demnach sollen Kinder und Jugendliche in ihrer individuellen Entwicklung gefördert und Benachteiligungen vermieden oder abgebaut werden. Damit ist die Abwendung von Gefahren, möglichst bevor zu sie zum Tragen kommen – und mithin die Prävention-, eine Strukturmaxime der Kinder und Jugendhilfe. So sehen auch Mücke und Korn (2000, S.5) sowie Kilb (2011 S. 55) das Verhindern und Vorbeugen von Gewalt als eine der zentralen Aufgaben der modernen Pädagogik. Schottmeyer (2010, S.279) führt weiterhin an, dass traditionelle Erziehungsträger, wie Familie und Verwandte, immer maroder werden. So sieht er Prävention von Aggression und Gewalt als zentrale Aufgabe jedes pädagogischen Handelns. Wenn die Kinder und Jugendhilfe ihrem gesetzlichen Auftrag folgend die „Entwicklung […] zu einer eigenverantwortlichen und gemeinschaftsfähigen Persönlichkeit" (SGB VIII, §1) erreichen will, beinhaltet pädagogisches Handeln auch immer ein vorbeugendes Moment der Abwendung von Gefährdungen und damit eingeschlossen auch die Verhinderung von Gewalt (vgl. Holthusen & Hoops, 2011, S.59). Präventives Handeln darf deshalb nicht am Ende einer ausgeprägten kriminellen Karriere ansetzten, sondern muss, um Entwicklungschancen von Kindern und Jugendlichen zu gewährleisten, frühzeitig ansetzten (vgl. Bannenberg, 2010, S.9). Präventionskonzepte werden dabei vor allem in kinder- und familienzentrierte Ansätze unterschieden. Bevor einzelne Präventionskonzepten betrachtet werden, stellt die unten abgebildete Tabelle verschiedene Ansätze und Maßnahmen sowie deren wissenschaftlich erwiesenen Wirksamkeit dar.

Ansatz	Wirksamkeit	Probleme	Beispiele
Soziale Kompetenztrainings (Kindzentrierter Ansatz)	Kleine bis mittlere Effekte vor allem bei Risikogruppen mit Kompetenzdefiziten	Kaum Langzeiteffekte, z.T. sehr geringe Effekte bei „harten" Erfolgskriterien	EFFEKT Kindertraining, Faustlos, Fit for Life
Elterntrainings	Mittlere Effekte bei guter Implementation; geringe Wirkung bei universellen Maßnahmen	Z. T. dramatische Implementationsprobleme; Langzeitwirkungen noch unklar	EFFEKT- Elterntraining, Triple P
Familiäre Frühintervention	Heterogene Ergebnislage, aber zum Teil sehr hohe Langzeiteffekte; gute Wirkung bei Hoch- Risiko- Gruppen	Bislang nur wenig empirische Untersuchungen bezogen auf Langzeiteffekte	High/Scope Perry Preschool Study, Elmira Prenatal/Early Infancy Projekt
Anti-Bullying-Programme (Schulgewalt)	Kleine bis mittlere Effekte	Geringe Effekte in Replikationsstudien	Olweus- Gewalt- Präventionsprogramm
Streitschlichterprogramme	Kleine, aber signifikante Effekte; höhere Wirkungen bei Jugendlichen	Hoher und langfristiger Aufwand in der Umsetzung	------

Abbildung 9 Überblick Forschungsbilanz unterschiedlicher Präventionsansätze (Quelle: Raabe & Beelmann 2011, S. 100, Ergänzt durch den Autor)

Beim Betrachten der Forschungsergebnisse fällt auf, dass keiner der gewaltpräventiven Ansätze durchschlagende Erfolge verbucht. Daraus lässt sich ableiten, dass eine maximal erfolgreiche Prävention in diesem Bereich nur sehr schwer zu erreichen ist. Selbst wenn Maßnahmen konsequent vor dem Hintergrund empirisch fundierter Entwicklungsmodelle konzipiert wurden, können sie nur zum Teil aggressivem Verhalten entgegensteuern. Nolting (2015, S.197) fasst zusammen, dass es viele Wege und Arten der Aggressionsverminderung gibt, aber noch kein Königsweg gefunden wurde.

7.2 Soziales Kompetenztraining

Kindzentrierte Ansätze zielen vor allem auf den Erwerb von Schutzfaktoren, um die Entwicklung aggressiver Verhaltensweisen einzudämmen. Wie im vorangegangen Kapitel gezeigt werden konnte, stellen unzureichend ausgebildete Problemlösestrategien sowie Defizite in der Handlungssteuerung vorrangige Risikofaktoren dar. Soziale Trainingsprogramme setzen genau an diesen Punkten an und zählen zu den am besten untersuchten und erfolgsversprechenden Präventionsansätzen (vgl. Raabe & Beelmann, 2011, S.90). Sie zielen darauf, prosoziale Verhaltenskompetenzen zu erhöhen (vgl. ebd. 2011, S. 89). Häufige Elemente sozialer Trainingsprogramme sind:

- Emotionen richtig einschätzen zu lernen,
- Kontrolle über impulsive Verhaltensweisen zu erlangen,
- Problemlösefähigkeiten zu entwickeln
- sowie prosoziales Verhalten in kritischen Situationen einzuüben (vgl. ebd.)

Boxer, Goldstein, Musher-Eizenman, Dubow und Heretick (2005, S.384 zit. n. Wolter, 2014, S.43) betonen, dass für die Entwicklung aggressiven Verhaltens besonders sozial-kognitive Faktoren, defizitäre Problemlösestrategien sowie unangepasste moralische Ansichten von Bedeutung sind. Zurückführen lassen sich diese Defizite auf die jeweiligen familiären und außerfamiliären Lebensumstände. Weiterhin konnte als ein wesentlicher Schwerpunkt in allen sozialen Kompetenztrainings die Verbesserung der Selbstwahrnehmung festgestellt werden. Darüber hinaus ist ein erklärtes Trainingsziel, Empathie zu fördern (vgl. Wolter, 2014, S.44). Durch die sozial-kognitive Lerntheorie lassen sich Defizite in diesem Bereich erklären. Viele Kinder und Jugendliche definieren aufgrund eigener Erfahrungen, Gewalt als ein adäquates Mittel, um mit anderen in Kontakt zu treten oder Respekt zu erlangen. Dabei fehlt diesen Kindern und Jugendlichen die Fähigkeit, sich in das Gegenüber hineinzuversetzen und dessen Gefühle und Motivationen nachzuvollziehen. Durch Bindungsstörungen entwickeltes fehlerhaftes Beziehungsverhalten soll durch die Förderung der Kommunikationsfähigkeit ausgeglichen werden und so die Möglichkeit eröffnen, neue Beziehungen zu Mitmenschen aufzubauen. Als Trainingsmethoden werden vor allem Gruppendiskussionen und Rollenspiele verwendet (Wolter, 2014, S. 49; Rabbe & Beelmann, 2011, S.89). Die Wirksamkeit sozialer Trainingsprogramme konnte in zahlreichen Untersuchen nachgewiesen werden. So kamen etwa Beelmann & Lösel (2007) in einer Metaanalyse von 135 Untersuchungen zu dem Ergebnis, dass soziale Trainingsprogramme in moderatem Maß dazu beitragen, dissoziale Entwicklungen von Kindern und Jugendlichen zu verhindern.

Die relativ guten Ergebnisse müssen aber auch kritisch hinterfragt werden, da diese nur eine kurze Halbwertzeit in ihrer positiven Wirkung haben und diese primär auf die im Training vermittelten Wissensinhalte zurückzuführend sind. Eine dauerhafte Verhaltensänderung jedoch ist nur in wenigen Fällen beobachtbar, wie Beelmann 2004 darlegen konnte. (2004, S.114). Was ursächlich darin begründet scheint, dass das Problem des defizitären Lebensumfelds weiterhin bestehen bleibt. Gugel (2006, S. 34) weist darauf hin, dass soziale Trainingsmaßnahmen zu selten auf die Lebenswelt der Adressaten und deren sozialen Kontext abgestimmt sind. In Anlehnung daran betont Bannenberg (2010, S.9), dass die Entstehung aggressiven Verhaltens untrennbar mit der sozialen Umwelt verknüpft ist und so eine erfolgreiche Prävention nur dann gelingen kann, wenn man auch an diesem Pool ansetzt. Kritisch anzumerken ist weiterhin, dass bestimmte Förderungsmethoden innerhalb sozialer Kompetenztrainings noch nachgewiesen werden müssen oder deren Evaluationsergebnisse nicht durchweg positiver Natur sind (vgl. Raabe & Beelmann, 2011, S.90). Auch Kilb stellt fest, dass es im deutschsprachigen Raum ein großes Defizit bei der Feststellung von Wirkungen sozialpädagogischer Handlungsansätze gibt (vgl. Kilb, 2011, S.135).

Abschließend werden allgemeine Handlungsmaxime (nach Raabe & Beelmann, 2010, S.101ff.) für die Förderung des Sozialverhaltens und die Prävention von Aggression und Gewalt genannt.

1. **Handlungsdruck.** In der Arbeit mit einzelnen Kindern und Jugendlichen sowie mit Gruppen ist es wichtig, sich über das zur Verfügung stehende Zeitfenster klar zu werden. Verfügt man über die Zeit, methodische Schritte (Bestandsaufnahme, Analyse, Maßnahmenplan, Durchführung, Evaluation) durchzuführen oder ist schnelles Vorgehen erforderlich?
2. **Frühzeitige Prävention.** Es zeigt sich, dass die Wirksamkeit von Präventionsmaßnahmen mit dem Zeitpunkt der Installation dieser korreliert. So ergibt sich, dass Präventionsmaßnahmen besonders frühzeitig greifen sollten, da ein einmal entwickeltes Handlungsrepertoire nur schwer veränderbar ist (vgl. Kilb 2011, S.135). Besonders Kindergarten und Schule können Instanzen sein, in denen z.B. soziale Trainingsprogramme etabliert werden könnten (vgl. Bannenberg, 2010, S.9).
3. **Gezielte und vernetzte Prävention.** Da sich zeigt, dass aggressives Verhalten kein monokausales Problemverhalten darstellt, gilt es eine Förderung mit weit gefächerten Ansatzfeldern zu installieren. So können beispielsweise Schulpräventivprogramme, Elternprogramme und Vereinsangebote ergänzend kooperieren.
4. **Konkretes Sozialverhalten fördern.** Neben dem Einüben sozial-kognitiver Fähigkeiten, wie etwa der Emotionserkennung oder die Abschätzung eigener Handlungsfolgen, sollen auch konkrete Handlungsweisen eingeübt werden. Somit soll Kindern und Jugendlichen ermöglicht werden, altersentsprechende soziale Erfahrungen zu machen und auf diesem Weg prosoziale Verhaltensweisen einzuüben.
5. **Positive soziale Lernerfahrungen ermöglichen.** Aggressives Verhalten ist oft auch Folge negativer Lernerfahrungen. Deshalb gilt es positiv akzentuierte Lernerfahrungen zu ermöglichen. Raabe und Beelmann (2011, S. 102) schlagen in diesem Kontext verhaltenstheoretisch begründete Elterntrainingsprogramme als ein gutes Beispiel vor. Doch gilt es nicht nur positive Lernerfahrungen zu schaffen, sondern auch negative Vorbilder weitestgehend auszuschließen.

6. **Auswahl evaluierter Programme.** Die Vielzahl der zur Verfügung stehenden Gewaltpräventionsmaßnahmen erlaubt es mittlerweile, sehr ausdifferenzierte und an die realen Gegebenheiten angepasste Maßnahmen zu wählen, die in ihrer Wirksamkeit evaluiert sind.
7. **Strukturiertheit.** Es zeigt sich, dass Maßnahmen hochstrukturiert sein sollten, d.h. ein klar strukturierter Lernraum mit klaren sozialen Regeln realisiert werden sollte, in dem der schrittweise Aufbau von Verhaltenskompetenzen gewährleistet ist. Es scheint, dass offene Angebote, vor allem im Bezug auf Risikogruppen, keinen bzw. sogar negative Effekte haben können (vgl. ebd. 2011, S.102)
8. **Engagement des Fachpersonals ist entscheidend.** Nicht nur der Inhalt der Förder- und Präventionsangebote hat Auswirkungen auf dessen Wirksamkeit. Auch die Rahmenbedingungen in der Umsetzung können zielführen sein (vgl. Durlak & DuPre, 2008, zit. n. Raabe & Beelmann, 2011, S.103). Dazu gehört u.a. Engagement und Motivation der am Hilfeprozess Beteiligten sowie ein positives Institutionsklima. Es kommt demnach nicht nur auf das Was der Förderung an sondern auch auf das Wie.
9. **Auch kleine Erfolge wertschätzen.** Forschungsergebnisse haben gezeigt, dass derartige Programme Gewalt und Aggression nicht restlos verhindern können und immer nur von kleinen Erfolgen ausgegangen werden kann, die sich besten Falls akkumulieren. Um die Motivation der Teilnehmer zu halten, ist es demnach wichtig, auch marginale Erfolge zu benennen und wertschätzen zu lernen.
10. **Ressourcenmanagement und Zielkonflikte berücksichtigen.** Bei der Umsetzung von Förder- und Präventionsansätzen eignen sich nach Beelmann (2010) besonders formale Bildungseinrichtungen wie Kindergärten oder Schulen. Zum einen ist die Erreichbarkeit der Adressaten dort besonders hoch und zum anderen können bereits vorhandene logistische Voraussetzungen unter dem Gesichtspunkt des Ressourcenmanagements genutzt werden. Bei der Durchführung im Kontext einer Bildungseinrichtung muss jedoch im Auge behalten werden, dass es nicht zu einem Konflikt zwischen Förderzielen des Programms und schulischem Bildungsauftrag kommt.

8 Schlussbetrachtung

Wie sich im Laufe der Erarbeitung des Themas für mich herausgestellt hat, sind die Bereiche der Begriffsdefinition Aggression/Gewalt und der theoretischen Auseinandersetzung mit diesem Phänomen weitaus umfangreicher und differenzierter wissenschaftlich erforscht und empirisch dokumentiert wie die Frage, wie gehen wir in der Praxis mit diesen Erkenntnissen um. Diese Wahrnehmung schlägt sich auch in der Gewichtung der hier vorliegenden Erarbeitung des Themas nieder. 2/3 der Arbeit befassen sich auch bei mir mit der theoretischen Betrachtung des Themas. Schwer getan habe ich mich zugebenermaßen mit einer ähnlich wissenschaftlichen und seriösen Darstellung eines sinnvollen pädagogischen Umgangs mit stark verhaltensauffälligen, gewaltaffinen jungen Menschen. Konzepte wie das AAT-Training nach Weidner oder Bootcamp-ähnliche Einrichtungen wie das Boxcamp Kannenberg (heute Trainingscamp Diemelstadt), das jahrelang in vielen Medien als Allheilmittel für extreme Fälle gehandelt wurde, scheinen genauso wenig tiefgreifend evaluiert und erforscht worden zu sein wie geschlossene Erziehungseinrichtungen, die als letztes Mittel zum Greifen kommen und nachvollziehbarer Weise stark umstritten sind. Ich verweise hier noch einmal, wie unter Punkt 7.2 bereits erwähnt, auf Kilb, der attestiert, dass es im deutschsprachigen Raum ein großes Defizit bei der Feststellung von Wirkungen sozialpädagogischer Handlungsansätze insgesamt gibt (vgl. Kilb, 2011, S.135).

Was sicher konstatiert werden kann, sind zumindest folgende Punkte:

- Bei differenzierter Betrachtung der Jugendgewalt kann weder von einer quantitativen noch qualitativen Zunahme der Jugendgewalt in Deutschland gesprochen werden. Es besteht also kein Grund für Panikmache und einer Dramatisierung der Entwicklung im Bereich Aggression und Gewalt bei Jugendlichen. Die existierenden pädagogischen Konzepte scheinen zumindest soweit zu greifen, dass eine jahrelang negative Entwicklung in diesem Bereich gestoppt werden konnte.
- Trotzdem gibt es keinen Grund zur Entwarnung. Statistisch gesehen ist der Anteil jugendlicher Straftäter an Gewaltdelikten im Verhältnis zu ihrem Anteil an der Gesamtbevölkerung immer noch fast doppelt so hoch.
- Jugendgewalt scheint derzeit (noch) ein Problem eher von männlichen Jugendlichen zu sein, was eben auch bedeutet, dass Konzepte speziell für männliche Jugendliche ausgerichtet und entwickelt werden sollten.
- Genauso eindeutig lässt sich belegen, dass die Anfälligkeit für Gewalt- und Kriminalitätsdelikte in der Altersspanne 14 bis 25 Jahre am Höchsten ist (siehe Abbildung 6). Hier wird der Grundstein für das restliche Leben gelegt. Schulabschluss, Ausbildung, Volljährigkeit mit allen rechtlichen und persönlichen Konsequenzen fallen in diese Zeit. Es lohnt sich also meiner Meinung nach genau dort auch anzusetzen und über sinnvolle und effektive Maßnahmen das Problem Gewalt pädagogisch anzugehen. Auch wenn dies Geld kostet, zahlt es sich gesamtgesellschaftlich gesehen sicher aus.

Und da sind Soziale Arbeit und Sozialwissenschaft meiner Meinung nach aufgefordert, mit dem umfangreichen und detaillierten Fachwissen um Ursachen, Charakteristik und Differenzierungen von Aggression und Gewalt gute und sinnvolle Konzepte zum pädagogischen Umgang mit gewaltbereiten jungen Menschen zu entwickeln. Und dies auch in dem Geist, dass diese Verhaltensmuster nicht „vom Himmel fallen", sondern oftmals in der Sozialisation der Jugendlichen oder anderen nicht von ihnen selbst zu verantwortenden Faktoren begründet sind. Dies habe ich in der vorliegenden Arbeit versucht fachlich zu dokumentieren.

Ich habe in meiner praktischen Arbeit mit sogenannten schwierigen Jugendlichen gelernt, das gerade unter dem Mantel der Aggression und der Auffälligkeit eine hohe Bedürftigkeit verborgen ist. Und wenn wir diese Jugendlichen nur als Problem sehen, das beseitigt werden muss, in dem wir sie wegsperren oder einfach nur umprogrammieren müssen, damit sie wieder „funktionieren", sind wir auf einem fatalen Irrweg. Wir müssen lernen, diese Jugendlichen zu verstehen und wahrzunehmen, so wie sie eigentlich sind. Nur dann kann es gelingen, diesen Jugendlichen so zu helfen, dass sie später nicht zu einer Belastung für die Gesellschaft und letztlich auch für sich selbst werden. Nur so können wir auch diesen Jugendlichen einen Weg in ein selbstbestimmtes und zufriedenes Leben ebnen. Und gerade deshalb ist es auch wichtig, wie in dieser Arbeit geschehen, sich mit dem Thema Gewalt/Aggression auch auf der theoretischen Ebene auseinanderzusetzen. Nur so kann Verständnis entstehen.

Und ein zweiter Punkt ist mir aus meiner persönlichen Erfahrung heraus wichtig. Auch hier verweise ich noch einmal auf einen bereits vormals erwähnten Aspekt. Wie ebenfalls unter Punkt 7.2 erwähnt, weist Gugel (2006, S. 34) darauf hin, dass soziale Trainingsmaßnahmen zu selten auf die Lebenswelt der Adressaten und deren sozialen Kontext abgestimmt sind. Ich kann dies nicht für soziale Trainingsmaßnahmen belegen, aber ich kann sagen, dass gerade die ambulanten Hilfen, in denen ich seit einigen Jahren tätig bin, genau dies tun. Sie holen die Jugendlichen dort ab, wo sie leben. Sie begleiten sie im Alltag, in der Familie, in der Ausbildung und in der Freizeit. Ambulante Helfer, und das können Sozialpädagogen genauso wie Erzieher sein, sind präsent, wo andere Pädagogen oftmals kaum Einblick bekommen. Sie können in einem Umfang Hilfe anbieten, wie andere Pädagogen es in der Regel gar nicht leisten können. Ambulante Hilfe nach §27 SGB VIII wie Jugendhelfer, Erziehungsbeistände, intensive Einzelfallhilfen kreieren, wenn sie gut sind, eine Hilfe, die sich an der Lebenswelt, den Bedürfnissen und Notwendigkeiten des jungen Menschen orientieren. Sie arbeiten nach keinem vorgefertigten Konzept. Sie warten nicht, dass die „Kunden" zu ihnen kommen, sondern gehen in die Familie oder begleiten sie in die Selbständigkeit in ihren eigenen Wohnungen. Meine Erfahrung mit dieser Form von Hilfe ist – und deshalb auch zum Einstieg das Beispiel zweier zugegeben extremer Fälle, an denen ich mitgearbeitet habe -, dass gerade im Bereich sinnvoller pädagogischer Umgang mit schwierigen Jugendlichen – und hier natürlich insbesondere auch gewaltbereiten, stark auffälligen Jugendlichen – sehr gute Erfolge erzielt werden konnten.

Erfolge, die aber auch stark vom Typus des Helfenden abhängig sind. Auch hier ist meine persönliche Erfahrung, dass gerade authentisches, intuitives Handeln, sofern die persönliche Disposition der Fachkraft dies hergibt, effektiv und erfolgreich wirkt. Hier steht der Sozialarbeiter/Erzieher als Fachkraft meiner Meinung nach in der Verantwortung ehrlich und klar mit sich selbst zu sein. Er/Sie sollte sich selbst einschätzen lernen, ob er/sie für diese Art von Arbeit bzw. diese Art von Klientel geeignet ist. Fachlichkeit und Professionalität ist wichtig. Sie sind aber meiner Meinung nach nur die Vorbereitung, um in der Situation mit dem Gegenüber so handeln zu können, wie es die Situation auch erfordert. Und dazu gehört eben manchmal auch alle Fachlichkeit über Bord zu werfen und so zu agieren oder zu reagieren, wie es das Gegenüber einfordert. Und das ist in der Arbeit mit gewaltaffinen Jugendlichen eben oft nicht leicht. Hierzu muss man auch die eigene „dunkle" Seite in sich kennen. Diese Seite, die die Jugendlichen in ihrer schwierigen Lebensphase gerade beherrscht, dürfen Fachkräfte in sich nicht verleugnen. Im Gegenteil, ihnen muss bewusst sein, dass sie diese Seite genauso in sich tragen und notfalls auch einsetzen können müssen. Nur dann kann ich auch authentisch mit diesen Jugendlichen agieren.

Damit aber diese Art von Authentizität nicht zum Selbstzweck wird und man sich als Fachkraft nicht eher selbst feiert für seine Coolness und sein unerschrockenes Auftreten als zu erkennen, wann man diese Seite zielgerichtet einsetzen und ansonsten zähmen muss, sollte man die fachlichen Grundlagen, wie z.B. hier in dieser Arbeit in Bezug auf die Themen Gewalt und Aggression kurz angerissen, kennen.

Von daher komme ich am Ende zu dem Schluss, dass Theorie der Praxis dienen muss, Konzepte und Strategien zu entwickeln, Menschen zu verstehen und ihnen individuell helfen zu können. Theorie und Praxis müssen sich als Ergänzung als EIN Teil eines Ganzen begreifen, dann kann es meiner Meinung nach gelingen, die Konzepte zu finden, die am Ende wirklich etwas verändern.

9 Literaturverzeichnis

Averill, J. R. (1982). *Anger and Aggression. An Essay on Emotion.* New York: Springer.

Baier, D. (2008). *Entwicklung der Jugenddelinquenz und ausgewählter Bedingungsfaktoren seit 1998 in den Städten Hannover, München, Stuttgart und Schwäbisch Gmünd. Forschungsberichte Nr. 104.* Hannover: KFN.

Baier, D. (2011). *Jugendgewalt in Deutschland – Eine Bestandsaufnahmen.* In G. Deegener & W. Körner (Hrsg.), *Gewalt und Aggressionen im Kindes- und Jugendalter* (S. 35-49). Weinheim, Basel: Beltz-Verlag.

Baier, D., Pfeiffer, C., Simonson, J. & Rabold, S. (Hrsg.) (2009). *Jugendliche in Deutschland als Opfer und Täter von Gewalt. Erster Forschungsbericht zum gemeinsamen Forschungsprojekt des Bundesministeriums des Innern und des KFN. KFN-Forschungsbericht Nr. 107.* Hannover: KFN.

Baier, D., Pfeiffer, C. Rabold, S., Simonson, J. & Kappes, C. (Hrsg.) (2010). *Kinder und Jugendliche in Deutschland: Gewalterfahrungen, Integration, Medienkonsum. Zweiter Bericht zum gemeinsamen Forschungsprojekt des Bundesministeriums des Innern und des KFN. Forschungsbericht 109.* Hannover: KFN.

Bannenberg, B. (2009). Gewaltphänomene bei Kindern und Jugendlichen – kriminalpräventive Konsequenzen aus kriminologischer Sicht. In Landeskommission Berlin gegen Gewalt (Hrsg.), *36. Berliner Forum Gewaltprävention* (S. 22-46). Berlin: Landeskommission Berlin gegen Gewalt.

Bannenberg, B. (2010). *Herausforderung Gewalt. Von körperlicher Aggression bis Cybermobbing: Erkennen - Vorbeugen – Intervenieren.* Stuttgart: Programm polizeiliche Kriminalprävention der Länder und des Bundes.

Beelmann, A. (2004). Förderung sozialer Kompetenzen im Kindergarten: Evaluation eines sozialen Problemlösetrainings zur universellen Prävention dissozialer Verhaltensprobleme. *Kindheit und Entwicklung, 13*(2), 113-121.

Beelmann, A. (2010). Prävention. In C. Spiel, R. Reimann, B. Schober & P. Wagner (Hrsg.), *Bildungspsychologie* (S.275-290). Göttingen: Hogrefe.

Bowlby, J. (1984). *Bindung: eine Analyse der Mutter-Kind-Beziehung.* Frankfurt: Fischer Verlag.

Boxer, P., Goldstein, S., Musher-Eizenman, D., Dubow, E. & Heretick, D. (2005). Developmental Issues in School-Based Aggression Prevention from a Social-Cognitive Perspektive. *The Journal of Primary Prevention, 26*(5), 383-397.

Brezinka, V. (2003). Zur Evaluation von Präventivinterventionen für Kinder mit Verhaltensstörungen. *Kindheit und Entwicklung, 12*(2), 71-83.

Bundesministerium des Inneren (o.V.), *Polizeiliche Kriminalstatistik 2006*, unter: https://www.bka.de/SharedDocs/Downloads/DE/Publikationen/PolizeilicheKriminalstatistik/pksJahrbuecherBis2011/pks2006.html, Stand 27.01.2019.

Bundesministerium des Inneren (o.V.), *Polizeiliche Kriminalstatistik 2017*, unter: https://www.bka.de/DE/AktuelleInformationen/StatistikenLagebilder/PolizeilicheKriminalstatistik/PKS2017/pks2017_node.html, Stand 27.01.2019.

Deegener, G. & Köerner, W. (2011). Bedingungsfaktoren der Täter- und/oder Opferwerdung. In G. Deegener & W. Körner (Hrsg.), *Gewalt und Aggressionen im Kindes- und Jugendalter* (S. 163-180). Weinheim, Basel: Beltz-Verlag.

Dollard, J., Doob, L., Miller N., Mowrer, O., Sears, R. (1939).: *Frustration and aggression*. New Haven: Yale University Press.

Durlak, J.A. & DUPre, E.P. (2008). Implementation matters: a review of research on the influence of implementation on program outcomes and the factos affecting implementation. *American Journal of Community Psychology, 41*, 327-350.

Dutschmann, A. & Lukat, J. (2011). Möglichkeiten und Grenzen der Jugendhilfe bei dissozialen, aggressiven Kindern und Jugendlichen. In G. Deegener & W. Körner (Hrsg.), *Gewalt und Aggressionen im Kindes- und Jugendalter* (S. 127-142). Weinheim, Basel: Beltz-Verlag.

Fromm, E. (1999). *Aggressionstheorie*. Herausgegeben von R., Funke. Stuttgart: Deutsche Verlags- Anstalt.

Günder, R. & Reidegeld, E. (2007). Aggressionen von Kindern und Jugendlichen in der Stationären Erziehungshilfe. *Unsere Jugend, 7(1)*, 10-17.

Gugel, G. (2006). *Gewalt und Gewaltprävention: Grundfragen, Grundlagen, Ansätze und Handlungsfelder von Gewaltprävention und ihre Bedeutung für Entwicklungszusammenarbeit*. Tübingen: Verlag für Friedenspädagogik.

Hecht, A. (2012). Der Umgang mit Phänomenen ubiquitärer Gewalt in niedrigschwelligen Einrichtungen der Drogenhilfe. In J. Fais (Hrsg.), *Gewalt - Sprache der Verzweiflung: vom Umgang mit Gewalt in der Suchthilfe* (28-48). Lengerich: Pabst Science Publ.

Heinz, W. (2016). *Jugendkriminalität – Zahlen und Fakten*. Unter: http://www.bpb.de/politik/innenpolitik/gangsterlaeufer/203562/zahlen-und-fakten, Stand: 16.01.2019.

Holthusen, B. & Hoops, S. (2011). Kinder- und Jugendkriminalitätsprävention – Handlungsfelder, Chancen und Risiken. In G. Deegener & W. Körner (Hrsg.), *Gewalt und Aggressionen im Kindes- und Jugendalter* (S. 54-68). Weinheim, Basel: Beltz-Verlag.

Hurrelmann, K. & Bründel, H. (2007). *Gewalt an Schulen. Pädagogische Antworten auf eine soziale Krise.* Basel: Beltz Verlag.

Kilb, R., Weidner, J. & Gall, R. (2009). *Konfrontative Pädagogik in der Schule. Anti-Aggressivitäts- und Coolnesstraining* (2. Aufl.). Weinheim: Juventa Verlag.

Kilb, R. (2011). *Jugendgewalt im städtischen Raum: Strategien und Ansätze im Umgang mit Gewalt* (2. Aufl.). Wiesbaden: VS-Verlag.

Köhler, J. (2006). *Kinder lösen Konflikte selbst! Evaluation eines Gewaltpräventionsprogramms.* Holzkirchen: Felix Verlag.

Liell, C. (2000). Gewalt in modernen Gesellschaften – zwischen Ausblendung und Dramatisierung. *Das Parlament*, 44, 6- 13.

Lorenz, K. (1963). *Das sogennante Böse.* Wien: Borotha- Schoeler.

Mücke, T. & Korn, J. (2000). *Umgang mit Gewalt in der Arbeit mit Jugendlichen. Möglichkeiten der Konfliktregelung.* Berlin: Berliner Institut für Lehrerfort- und -weiterbildung und Schulentwicklung.

Neidhardt, F. (1986). Gewalt. Soziale Bedeutung und sozialwissenschaftliche Bestimmung des Begriffs. In V. Krey (Hrsg.), *Was ist Gewalt? Auseinandersetzungen mit einem Begriff* (S. 109- 147). Wiesbaden: Sonderbände der BKA- Forschungsreihe.

Nolting, H. P. (1997): *Lernfall Aggression. Wie sie entsteht- wie sie zu vermindern ist.* Hamburg

Nolting, H. P. (2005). *Lernfall Aggression – Wie sie Entsteht – Wie sie zu Vermeiden ist. Eine Einführung.* Vollständig überarbeitet Neuausgabe, Rowohlt Verlag

Nolting, H. P. (2015). *Psychologie der Aggression. Warum Ursachen und Auswege so vielfältig sind.* Hamburg: Rowohlt Verlag.

Nolting, H. P. & Knopf, H. (1998). Gewaltverminderung in der Schule: Viele Vorschläge – wenig Studien. *Psychologie in Erziehung und Unterricht*, 45, 249-260.

Raabe, T. & Beelmann, A. (2011). Gewalttätiges und dissoziales Verhalten von Kindern und Jugendlichen: Prävention und Intervention. In G. Deegener & W. Körner (Hrsg.), *Gewalt und Aggressionen im Kindes- und Jugendalter* (S. 88-103). Weinheim, Basel: Beltz-Verlag.

Remschmidt, H. (1992). Aggressives Verhalten von Kindern und Jugendlichen. In H-J. Möller & H. von Praag (Hrsg.), *Aggression und Autoaggression* (S. 73-94). Berlin, Heidelberg: Springer Verlag.

Schwind, H-D., Roitsch, K., Ahlborn, W., & Gielen, B. (Hrsg.) (1995). Gewalt in der Schule. Am Beispiel von Bochum. Mainz: Weisser Ring.

Schick, A. (2011). Entstehungsbedingungen aggressiven Verhaltens im Kindes- und Jugendalter. In G. Deegener & W. Körner (Hrsg.), *Gewalt und Aggressionen im Kindes- und Jugendalter* (S. 19-27). Weinheim, Basel: Beltz-Verlag.

Sutterlüty, F. (2009). Was ist eine Gewaltkarriere? In Landeskommission Berlin gegen Gewalt (Hrsg.), *36. Berliner Forum Gewaltprävention* (103-123). Berlin: Landeskommission Berlin gegen Gewalt.

Thomas, A. (1995). *Einführung in die Sportpsychologie.* Göttingen: Hogrefe.

Weidner, J. (1993). *Anti-Aggressivitäts-Training für Gewalttäter. Ein deliktspezifisches Behandlungsangebot im Jugendvollzug.* (2. Aufl.). Bonn: Forum Verlag Godesberg.

Weltgesundheitsorganisation (2002). *Weltbericht Gewalt und Gesundheit*, unter: https://www.who.int/violence_injury_prevention/violence/world_report/en/summary_ge.pdf, Stand: 22.01.2019.

Wittenberg, J., Reinecke, J. & Boers, K. (2009). Verbreitung, Entwicklung und Erklärung von Delinquenz im Jugendalter: Ergebnisse einer aktuellen Längsschnittstudie. *Journal of Educational Research Online, 1*(1), 106- 134.

Wolter, M. (2014). *Gewalt vermeiden: vom Wissen zum Können! Wie soziale Kompetenztrainings effektiv wirken.* Marburg: Tectum- Verlag.

Zimbardo, P. & Gerrig, R. (2003). *Psychologie* (7. Aufl.). Berlin: Springer Verlag.

BEI GRIN MACHT SICH IHR WISSEN BEZAHLT

- Wir veröffentlichen Ihre Hausarbeit, Bachelor- und Masterarbeit

- Ihr eigenes eBook und Buch - weltweit in allen wichtigen Shops

- Verdienen Sie an jedem Verkauf

Jetzt bei www.GRIN.com hochladen und kostenlos publizieren

Ingram Content Group UK Ltd.
Milton Keynes UK
UKHW010721130623
423368UK00004B/46